BONDING

心连心 亲子情

新生命与父母的奇妙联结

The Foundations of Secure Attachment and Independence

著 〔美〕马歇尔·克劳思 Marshall H. Klaus
〔美〕约翰·肯奈尔 John H. Kennell
〔美〕菲利丝·克劳思 Phillis H. Klaus

译 〔美〕齐若兰 Janey Chi

亲子教育系列

四川大学出版社

责任编辑：敬铃凌
责任校对：徐 凯
封面设计：邓 涛
责任印制：李 平

图书在版编目(CIP)数据

心连心·亲子情：新生命与父母的奇妙联结 ／(美)
克劳思，(美)肯奈儿，(美)克劳思著；齐若兰译.
—成都：四川大学出版社，2012.5
（亲子教育系列）
ISBN 978—7—5614—5812—9

Ⅰ.①心… Ⅱ.①克…②肯…③齐… Ⅲ.①亲子关
系－家庭教育 Ⅳ.①G78

中国版本图书馆 CIP 数据核字（2012）第 100352 号

四川省版权局著作权合同登记图进字 21－2012－138 号

BONDING: Building the Foundations of Secure Attachment and Independence
By Marshall H. Klaus, M.D., John H. Kennell, M.D., and Phyllis H, Klaus, C.S.W., M.F.C.C.
Copyright ©1955 by Marshall H. Klaus, M.D., John H. Kennell, M.D., and Phyllis H.
Klaus, C.S.W., M.F.C.C.
Foreword copyright ©1995 by T. Berry Brazelton, M.D.
Simplified Chinese Translation copyright © 2012 by Sichuan University Press
Published by arrangement with Perseus Publishing, a Member of the Perseus Books Group
ALL RIGHTS RESERVED

书名　心连心·亲子情——新生命与父母的奇妙联结
　　　Bonding：Building the Foundations of Secure Attachment and Independence

著　者　马歇尔·克劳思　约翰·肯奈尔　菲利丝·克劳思
译　者　齐若兰
出　版　四川大学出版社
地　址　成都市一环路南一段24号 (610065)
发　行　四川大学出版社
书　号　ISBN 978—7—5614—5812—9
印　刷　深圳市希望印务有限公司
成品尺寸　170 mm×230 mm
印　张　13
字　数　158 千字
版　次　2012 年 11 月第 1 版
印　次　2012 年 11 月第 1 次印刷
印　数　0 001～6 000 册
定　价　32.00 元

◆读者邮购本书，请与本社发行科
联系。电 话:85408408/85401670/
85408023 邮政编码:610065
◆本社图书如有印装质量问题，请
寄回出版社调换。

版权所有◆侵权必究

◆网址:http://www.scup.cn

谨以此书献给天下所有的父母及他们刚出生的婴儿，

因为他们的言语和行动打开了孩子的双眼，

让婴儿在刚出生的头几个小时、头几天和头几个星期中，

看到了周遭世界的美妙，获得了重要的人生体验。

我们期待这些父母所传达的经验——

也是我们在本书中讲述的内容

能让未来的父母亲在分娩和产后这段时期获得更人性化的照顾。

啊，原来你在这里

　　杰出的临床医师马歇尔·克劳思、约翰·肯奈尔和研究人员菲利斯·克劳思能够提供第一手的观察与分析，详细描述亲子间紧密联系产生的过程，真是为人父母者的大幸。我还记得他们最初开始构思他们的经典研究时，一般医院还把正常健康的母亲生下正常健康婴儿的过程当成病理医疗的案件，认为有可能引发危险的后果。克劳思和肯奈尔的研究改变了全美各地的生产方式。

　　医学界在为母亲设计安全无菌的生产技术，为新生儿提供安全有效的照顾方式时，就预示了整个生产过程将受到病理学和医疗的控制。当我们愈来愈满意安全和无菌的问题时，我们显然忽略了其中所牵涉的"人"的因素——新生儿的父母。他们感觉自己好像被动成为病人，而不是满怀自信，为照顾新生儿做好准备的准父母。医生为了减轻分娩的痛苦以及控制产程的进行而预先采取的医疗措施，却会导致母亲和婴儿在产后几天情绪沮丧，反应迟钝。此外，产妇在注射药物之后，往往在需要感觉精力十足、拥有自主权时，却感觉"失去控制"、"任人宰割"。父亲原本就被排除在生产过程之外，此时更感到备受忽视、无能为力，而他们本应该参与整个过程，并且获得充分支持。

20世纪50年代，美国开始注意到欧洲有一些研究报告提到一种"新"的生产方式。这种生产方式可以让妇女在生产过程中保持清醒，充分参与。女性似乎有能力熬过，甚至驾驭生产的痛苦，并且深深引以为傲！在美国各地，生产教育协会的各种团体如雨后春笋般纷纷冒出来，护士、医生和经历过痛苦生产过程的父母也开始组成支持团体，准父母发现通过产前教育及分娩过程中的支持，未服药的参与式生产方式成为深具效果且令人兴奋的生产经验。

身为小儿科医生，我一向对新生儿的反应行为，以及新生儿一出生就能灵敏地对父母有所反应的现象极感兴趣。因此，我非常赞成应该回归"自然"的生产方式，准父母都应积极参与整个生产过程。我们曾经观察未注射药物、在生产过程中始终保持清醒的母亲。她们生下来的婴儿反应都比较灵敏，在产房中就会把头转向发出声音的地方，以目光寻找发出声音的脸孔。当婴儿看到其他人的脸孔时，脸上立刻浮现光彩，仿佛在说："原来你在这里！"如果新生儿能选择我的男性声音或妈妈的声音，他一定把头转向妈妈的方向，寻找妈妈的脸孔。当小宝宝终于找到妈妈的时候，每个母亲都会自然伸出手来，把小婴儿抱在怀里，此刻她们心里都明白："你已经认得我了。"这是很典型的情况。许多新生儿就像这样，自然而然地找到父母，让父母兴奋不已。当父母试图和新生儿沟通，而新生儿也有灵敏的反应时，父母对婴儿的感情也大幅度加深，这就是克劳思和肯奈尔所谓的"亲子间的紧密联系"产生的过程。本书的重心就是说明专业人士和父母如何参与及增进这种机会的各种宝贵方法。

这些年来，当婴儿出生方式一直在改变时，我参与了波士顿的普特南儿童中心（Putnam Children's Center）心理分析学家的研究，我们研究的主题是父母适应新责任的过程。在怀孕期的后半段，准父亲和准母亲都会经历一段烦乱不安的时期——"我真的能顺利当上爸爸（或妈妈）吗？我能当个好爸爸（或好妈妈）吗？我会不会毁了我的孩子？如果我当上了爸爸（或妈妈），我一定得像我的父母一样吗？我当然不想变成那样！"当他们了解到自己唯一可以参考的养儿育女经验就是自己的成长过程时，他们会对为人父母的角色更加小心，害怕自己搞砸了。当他们问自己这些问题时，他们也开始怀疑："我们是不是犯了一个错误？我们真的想要这个孩子吗？"如果他们不确定自己真的想要小孩，他们会自问："我们这种矛盾的心理是不是已经伤害了孩子？"我们也发现，所有的准父母都会预先设想小孩受伤害的情况，不管小婴儿受到什么样的伤害，新手父母都会认为是他们的错。

当我们了解父母在怀孕期惶恐不安的心理后，我们开始好奇：为什么这种现象如此普遍？为什么这种现象会在怀孕后期深深影响准父母的情绪，而且这种普遍现象似乎总是具有适应性？我开始明白，其实这一切纷扰的目的是要促使成年人动员所有的情感能量来适应为人父母的过程，并且与自己的孩子产生一种心连心的紧密联系。换句话说，他们的自我质疑其实涵盖了某种"预警"作用，要他们提起精神，发掘新生儿的特殊才能，当个成功的父母。我视之为一种适应性的过程，能帮助一个人做好充分的准备，迎接产后为人父母的角色。本书的三位作者体认到这股力量，并且告诉我们，在小孩刚出生时，父母就有可能和他们产生心连心的紧密关系。

克劳思和肯奈尔对于新生儿与父母之间紧密联系的研究产生了广泛而巨大的影响。他们的研究对象是在生产期间一直保持清醒，能在产房中拥抱、照顾新生儿的父母。他们的研究成果改变了全球医疗院所的接生方式。大多数医护人员都了解这项研究的意义，因而开始改变做法，提高父母在生产过程中的参与度。我们已经可以看到他们努力的成果。今天的父母在面对生产过程时，感到更坚强，更能掌握生产过程，对于自己为人父母的能力也更有自信。针对这类父母的一岁、两岁、三岁和七岁小孩所做的研究也显示，这些小孩在好几方面的表现都有进步。我的诠释是，父母的自我形象改善后，将会直接传达给婴儿，并且表现在他们日后在学校的成绩或整体表现上。

　　这项研究备受肯定，但对于所有从事这方面研究的学者而言，很明显，单单靠婴儿刚出生时亲子间的紧密联系还不够。这种心连心的奇妙联结给人的感觉就好像坠入爱河一样，但是在往后的漫长日子里，将愈来愈难维持爱情的热度。随着时光的流逝，小孩逐渐长大，为人父母的角色会变得愈来愈困难，也愈来愈重要。面对养儿育女的各种挑战，本书为努力加强亲子关系的父母提供了必要的支持。当一个人踏出初为人父和初为人母的第一步后，这种兴奋当然提高了为人父母者对自己的期望，然而这并非是促进亲子关系的唯一诱因。婴儿的发展会不断带给父母喜悦和兴奋，对父母而言，从参与新生儿每个发展阶段的经验中，他们不断感受到惊喜，而且受益无穷。如此一来，婴儿也等于积极参与了自己的发展过程，而最初投入建立亲子紧密联系的能量现在转化为持久的凝聚力。

　　为人父母者在本书和其他相关书籍以及专家的协助下，将更有信心胜任父母的角色，同时也会将这样的感觉传达给新生儿和家中较大的孩子。感到自己能胜任父母的角色是改进父母表现的基础，父母将因此更有施予的能力，也能更成功地与未来的孩子产生紧密的情感联系，扮演好父母的角色。

非常感谢三位作者，他们的持续研究让我们有机会了解父母和婴儿之间紧密的情感联系产生的过程。他们最近针对陪产士（doula，在分娩过程中协助产妇的妇女）的效果所做的研究显示，在分娩过程中，训练有素的支持人力是多么重要。尽管有人批评作者并没有真的"证明"亲子之间产生紧密联系有一段敏感期，他们仍然不断努力，促使医院让产妇在更符合人性的氛围中生产。这种符合人性的氛围包括有时间让父母和新生儿之间及早产生亲密联系。我们现在充分认识到营造这种尊重、支持的气氛，以及把握住小孩出生的刹那间父母的高度热情是多么重要。

今天由于医院不断缩短产妇住院天数，这三位专注于这个领域的执业医师和研究人员提出的建议也就愈来愈重要。我们最好仔细聆听他们的建议。

布瑞佐登（T. Berry Brazelton）

（布瑞佐登为哈佛医学院小儿科荣誉教授、波士顿儿童医院儿童发展部创办人）

亲子情——社会安宁祥和的源头

　　亲情——父母对子女的爱和子女对父母的爱是个人一生幸福的开始、一生健康的关键和一个安宁社会的必备条件。然而，现代医院的接生方式严重干扰到亲情的建立，新生命的诞生不是在一个温暖安静的家中，往往是在强烈日光灯的照射下，在充斥着仪器、药物和陌生人环境的医院中。许多医生、护士以为新生儿没有意识和痛觉，新生儿的第一个经验往往是被倒提着，拍打屁股，抽血，注射维生素K，打防疫针。如果母亲被注射麻醉药、止痛药、消炎药，这些药物经过胎盘也在婴儿的血液中循环。多年前的一项研究报道称，在美国医院出生的婴儿平均接收17种药物。这些药物明显地降低了婴儿的智力，后遗症至少持续四五年，甚至一生。今日美国60%的男婴在没有麻醉药的止痛下被割包皮，以往比例更高。美国90%的男人都经历过这种疼痛，在他们幼小的心灵中性与暴力总是联系在一起的。许多心理学家在辅导成年人的个案中，才发觉出生时的残暴经历深深地印在他们的潜意识中，使他们在成长过程中莫名其妙地充满了愤怒、恐惧、悲哀和迷惑。也因一出生就受药物的控制，有些人会不由自主地被药物和迷幻药吸引。

　　专家们看到出生时的经验和社会暴力的上升有直接关系。1995

年针对这个问题在旧金山召开了一个会议，题目是"生产和暴力：对社会的影响"。据说在美国至少有15%的小孩完全没有建立亲子情，与任何人都没有建立亲近、安全、温暖的关系，他们做出暴力行为的几率是很高的。这些小孩大部分是难产，还有父母亲强烈的排斥或第一年与父母亲分离的经历，这些都可能导致未来的犯罪行为。

亲情的建立是微妙的，会因惊吓或母亲在麻醉药影响下的情绪低落、隔离或早产受到阻挠。当亲情没有建立时，亲子双方都会感觉沟通困难，孩子在成长中很容易被毒品、烟、酒、食物、工作或性所吸引，以弥补失去亲子情的空虚。成长后人际关系、婚姻及与下一代的沟通都深受影响。

剖宫产的上升对社会的安宁有直接影响，因为出生惊吓会干扰亲子情的建立。美国30%的生产是剖宫产，这十多年来首次有十岁以下的男孩因强奸被判罪，1993年一共有128位被判罪。阿根廷的剖宫产比例是80%，那儿小孩犯罪的比例已高到严重地干扰教育。阿富汗接生的习俗是母亲在泥土上生产，使得母亲产后容易感染，因此母亲死亡的比例占全世界之首；同时，因为婴儿一出生后就与母亲分离两天，这期间只给糖水，亲情很难建立，婴儿的神经系统也受损，造成整个社会动荡不安，充满暴力。试验中的小猴子如果是离开母亲长大，其神经系统长久受影响，容易引发情绪低落、过动，自己伤害自己，以及病态的暴力行为。婴儿如果短暂地与母亲隔离，也会出现类似的反应。

这些问题促使许多妇产科医生觉悟，法国医生勒博耶（Frederick Leboyer）三十年前就提出非暴力生产，美国医生克劳斯（Marshall Klaus）则提出亲子情能否建立取决于出生后的很短的时间。一旦错过这个时段，很难弥补，在《心连心·亲子情》①这本书中，克劳斯医生和他的合作同事很详尽地介绍了如何让母亲和孩子建立一生的幸福温情。这本重要的代表著作值得未来父母亲、祖父母和外祖父母，以及医生、护士、接生人员阅读。

---

① 编者注：本书在繁体版翻译出版时，略去了文中注释，简体版的处理与之保持一致。如读者欲做进一步研究，请查阅英文原版：Marshall H. Klaus, John H. Kennell, Phyllis H. Klaus. Bonding: *Building the Foundations of Secure Attachment and Independence*. Perseus Publishing, 1995。

繁体版序

ix

亲子间的关爱与依恋
是人类最重要的关系

　　父母都希望小孩拥有全世界。他们希望自己的孩子健康、快乐、独立，对生命充满好奇，能关爱他人，发展健全的人际关系，有安全感，喜欢自己，能平安度过人生中各种横逆。除非无法预见的障碍横亘在前，否则为人父母者会尽一切努力，让小孩拥有这一切。也正因为如此，父母会视孩子为独立的个体，不会将自己无法疏解的焦虑或痛苦投射在孩子身上。除了善尽父职和母职，他们还会进一步挖掘出自己内在的天赋，回应孩子的需求和感觉。当父母能为孩子提供这样的生长环境时，相对的，孩子也比较容易和父母建立起紧密而稳固的关系，建立健康的自我定位。

　　在有生之年，我们愈来愈了解父母如何形成这些养儿育女的特质，以及这些特质又如何影响儿童的发展。我们相信这些发展有一部分是父母与孩子建立紧密联系的过程，而整个过程并非单独发生的，而是从父母自己的成长经验，到怀孕、生产、产后和新生命诞生的头几个月所发生的各种经验的累积。我们也认为，某些环境和支持的力量可以协助父母形成这种紧密的联结，成功地养育孩子。在分娩、生产和产后初期营造平静、温暖和敏感的环境，能够树立起关怀的榜样，对所有的父母而言，这样的关怀让他们内心产生一

种受照顾、安全而且得到肯定的感觉，有了这样的经验以后，他们会更有能力以同样的方式关怀照顾自己的子女。

亲子间的奇妙联结是人类所有关系中最强烈、最重要的关系。虽然新生儿非常活泼，而且有知觉意识，但是他们还无法自理。因此，照顾婴儿的人（通常是父母亲）与婴儿之间的关系对婴儿的生存发展有非常重要的影响。我们相信，父母和婴儿之间产生紧密联系的过程是其中的重要部分。这种亲情的威力惊人，许多父母会为了照顾婴儿而不断牺牲自我——安抚哭闹的婴儿，防止孩子遭遇危险，尽管自己迫切需要睡眠仍然在半夜起床喂奶等。

一般人都同意，在英文中，"bonding"这个词指的是父母对子女的关爱牵挂，"attachment"则是婴儿对父母的依附或依恋。但在本书中我们有时候也会采取"attachment"较通俗的含义，指代将一个人和另一个人紧紧凝聚在一起的情感。亲子间的紧密联系有几个反复出现的特质，但这些特质并非固定不变，也不是放之四海而皆准。环境、当时的情况、家族史和个人差异都是影响亲子间建立紧密情感联系的因素。或许是因为有的人对这方面的研究有错误的诠释，以至于误以为这种亲子间紧密联系的意义就好像胶水一样，可以产生立即可见而且可以预测的效果。

我们可以把这种亲子间的奇妙联结定义为两个人之间持久而独特的关系。虽然我们很难为这种持久关系下一个操作性定义，但是我们把父母和婴儿之间的亲吻、拥抱、凝视等各种保持接触传达爱意的行为，都当做这种亲密关系的指标。在进行实验观察时，这些指标都非常有用。即使经过长期分离，看不出浓厚亲情依然存在的明显迹象，亲子间的紧密情感联系通常都还是经得起时空的考验的。例如，即使分隔了四十年，孩子一通求援的电话，就能把母亲召到身边，而母亲所表现出来的强烈关爱和亲密程度与孩子刚出生时毫无两样。

人生中的悲喜大都围绕着亲密关系打转——建立亲密关系，关系破裂，为亲密关系做准备，适应亲人死亡后的失落感。每个人一生中都会认识几百个人，但是只会和其中少数人建立亲密的情感和关系。人生之所以丰富而美好，大半是因为有了这些亲密关系：我们与父母、兄弟姐妹、另一半、儿女和少数密友之间的关系。本书探讨的是其中一种特殊关系——父母和刚出生的婴儿之间的紧密联系，以及这种关系如何影响婴儿对父母的依恋和情感。

这个领域许多重要的研究都以不同方式描述了父母和婴儿之间的紧密联系。心理分析学家罗伯森夫妇（James & Joyce Robertson）曾经提到，父母会对婴儿期的孩子流露出"单向的关心和疼爱"，而父母一开始的参与程度会直接影响这种亲密关系的强度，因此通常妈妈的感受最强，父亲次之，再其次是其他家人。

精神科医生波尔比（John Bowlby）以浅显的语言来描述这种亲子之爱：

每位小说家和剧作家都知道，主观的强烈情感状态总是伴随着人与人之间的紧密联系而至。因此在紧密联系形成、维护、崩解与再生的过程中，总是会产生强烈的情感。有人把形成这种紧密联系的主观经验形容得好像谈恋爱一样，维护这种情感联系的状态就好像爱恋着一个人，失去伙伴的心情则犹如失恋般伤心。同样，觉得可能失去所爱会引起焦虑，实际失去所爱则带来悲伤，两种情形都可能引发愤怒。稳固的情感联系会带来安全感，恢复情感联系更是喜悦的源泉。

　　我们很庆幸过去半个世纪以来，许多才华横溢、创意十足的观察家密切研究了这些问题，试图更深入了解这种亲子间的奇妙联结或紧密联系。其中，最重要的研究包括心理分析家史毕兹（René Spitz）的研究，他展现了缺乏亲子关系的后果，并借此证明亲子关系的重要性。史毕兹从观察中发现，弃儿收容所中的婴儿尽管食物充足，由于缺乏关爱和照顾，通常都发育不良，而且容易早夭。波尔比和威尼考特记录了父母本身的成长经验如何形成他们日后照顾小孩的模式。心理分析家佛瑞博格（Selma Fraiberg）观察到童年经验的阴影如何深深影响了为人父母的感觉和行为。心理学家爱思渥斯（Mary Ainsworth）也指出，母亲感觉敏锐、反应灵敏非常重要，婴儿因此有充分的安全感来因应未来的发展。她也观察到，小孩子建立亲密关系和分手的行为模式都和幼年时父母养育他的方式息息相关。

　　在20世纪50年代和20世纪60年代，哈洛（Harry Harlow）、瑞恩高德（Harriet Rheingold）、罗森布拉特（Jay Rosenblatt）、史内拉（T. C. Schneirla）、贝特森（Patrick Bateson）及其他学者针对动物的母亲与婴儿之间的行为做了详细的研究，分析家毕波林（Greta Bibring）和受过心理分析训练的小儿科医师布瑞佐登研究了正常孕妇的焦虑情绪和深藏于潜意识中的童年经验。布瑞佐登指出，这种不安的情绪"动员了照护的积极力量"。布瑞佐登、史登（Daniel Stern）、特瑞瓦森（Colwyn Trevarthan）和桑德（Louis Sander）也开始探讨和解读母亲与新生儿之间的亲密互动。在这样的背景下，我们在20世纪70年代初期开始展开研究，深入探索亲子间的情感联系，以及能够促进这种紧密关系的环境和照顾方式。

　　要了解我们开始研究这个主题时的周遭环境，就必须先了解当时妇产科医院和婴儿室的情况。当时的医院为了防止病人感染传染病，采取了非常手段，实施隔离政策。大医院中总是故意把产科和小儿科区隔开来，以避免感染扩散。当时不但流行痢疾，呼吸道感染也是儿童医院及妇产科、小儿科头痛的问题。为了避免疾病传染，妇产科医院把足月诞生的小婴儿都集中在大型婴儿室中，婴儿室如要塞般戒备森严，由于细菌是大敌，因此可能携带病菌的父母及家人都不准进出婴儿室。

美国妇产科医院的婴儿室一直维持这种严格的规定，直到20世纪70年代初期，医院才开始在产科推动以家庭为中心的照护方式，准许父母进入早产儿的婴儿室。这时候，产科病房的大门终于打开，新生儿的父亲和其他亲人可以较长时间到病房中探望产妇和婴儿。20世纪80年代，医院逐渐鼓励母亲和婴儿在一起久一点，一方面促进喂母乳的效果，另一方面则培养母亲和婴儿的感情。20世纪90年代，产妇住院时间变得非常短，只有24到48小时的时间，新的产科病房设计成母亲和婴儿住在同一个房间，而医院的育婴室中只照顾母亲生病的婴儿和需要观察的新生儿，因此育婴室比过去小得多。

从20世纪70年代初期开始，医疗照护还发生了其他重要的转变。攸关亲密关系中建立情感联系（如出生）和（通过死亡）切断情感联系的重要人生大事如今不在家里发生，而转移到医院，医院决定了生死的程序。而过去几百年来建立的传统和支持系统，原本能够协助我们度过人生中的重大事件，但如今一个人面对生死的经验中却缺乏了这些重要的支持。

多年来，本书的其中两位作者约翰·肯奈尔和马歇尔·克劳思

有机会观察新手父母适应的过程。我们在小儿科的执业过程中，与正常健康、足月出生的婴儿及他们的母亲接触的经验，以及和加护病房中重病的婴儿及无法陪伴他们的父母接触的经验，让我们不禁要提出一个问题："父母与婴儿要经过什么样的过程才能建立起紧密的情感联系？"我们一直在寻找答案，在本书中，我们将说明我们迄今学到的知识。我们愈来愈尊重这种亲子间紧密联系产生的复杂过程。同时，今天的父母在新生命诞生的过程中所经历的心理成长，以及建立亲子连接过程中生理系统的协调机制，都令我们大感兴趣。

本书的另外一位作者菲利丝·克劳思是一位经验丰富的临床心理医生，曾经协助许多家庭适应新生命的诞生，同时她也帮助在怀孕期间和生产前后碰到医疗和心理问题的母亲。她协助成人（包括准父母）克服童年时的痛苦回忆。建立亲子间紧密联系的问题在她的工作中也是非常重要的问题。

哪些因素会引发、强化或干扰父母和子女间的紧密联结？在试图解答这个问题的过程中，我们从广泛的来源中搜集了很多资讯：（1）医疗照护过程中的临床观察；（2）自然的养儿育女行为；（3）由心理学家和心理分析家针对一部分母亲进行的长期深度访谈；（4）有系统地访问或观察；（5）针对早产儿和足月儿的父母所进行的严谨研究的成果。

我们必须在社会环境的架构下思考这些观察和研究结果。文化上的影响、母亲及观察者的价值观和期望、医院的结构与政策都会影响最后的结果。即使在现在的保健制度下，迎接新生命的做法仍然有很大的不同。某个群体认为，一个很好的做法移植到不同的文化中却不一定是最好的办法，看起来最"自然"的方式也不见得对所有人都是"最好"的方式。

把以上警告放在心里之后，我们开始把父母和婴儿之间建立紧密联系的相关元素拼凑出来，并分析哪些因素可能改变或扭曲关系形成的过程。由于新生儿完全依赖爸爸或妈妈来满足身心的需求，因此亲子关系的强度和持久性可能就决定了小宝宝能否健全地成长发展。

与形成亲子联系相关的重要事件如下：

· 计划怀孕

· 确认怀孕

· 接受怀孕的事实

· 察觉胎动

· 把胎儿当成独立的个体

· 经历分娩阵痛

· 生下婴儿

· 见到自己的小孩

· 触碰婴儿

· 照顾婴儿

· 接受婴儿为独立的个体、家中的一员

通过观察和研究父母在以上每个阶段中的表现，我们可以勾勒出形成亲子关系的各种环环相扣的基本元素。

从早期在摸索中努力了解亲子间究竟如何建立起紧密的情感联系，我们逐渐形成目前的理解，并且这方面的知识还在持续不断地增进。虽然早期的许多观察结果都能激发有建设性的研究，但这些

研究往往误导了我们对特殊现象的理解。举例来说，当我们刚开始准许母亲进入育婴室接触保温箱中的早产儿时，我们注意到她们好像烤蛋糕时要戳戳看蛋糕烤好了没有一样，会用指头戳戳小婴儿的四肢。我们很想了解她们为什么会有这样的动作。当我们来回穿梭在早产儿的加护病房和正常新生儿的育婴室时，我们对这个问题逐渐有了一些想法。我们在第七章会讨论到，母亲喜欢戳弄早产儿，可能是由看到脆弱的小婴儿以及阻隔在中间的保温箱时的正常母性行为演变而来。当足月的新生儿和母亲在比较正常的情况下互相认识时，只有在刚见面的头几分钟才会出现这样的行为。

我们在本书第一章《怀孕：开启新关系》中，探讨了怀孕如何改变了建立情感联系的过程，以及超音波和羊膜穿刺术之类的新产检技术对未来的亲子关系可能产生的影响。我们也从这个角度探讨了如何有效预防先天性畸形胎。

我们在第二章《从分娩开始到婴儿出生》中，探讨分娩过程中产妇身心获得的照顾对于亲子关系将有何影响。良好的照顾不但能大幅减少分娩过程中的并发症，包括剖宫产的几率，因此改变母亲和婴儿第一次接触的状况，同时也可能影响妈妈对婴儿和另一半的感觉。

由于亲子间的紧密联系并非单向的，因此我们在第三章《刚出生的小宝宝具有哪些能力？》中，探讨了新生儿和父母初次见面时已经具备的天赋，从而帮助父母挖掘出小宝宝为人的能力和特质，并且更快懂得如何满足小宝宝的需求。

在第四章《一个家庭的诞生：最初的几分钟和几小时》中，我们描述了婴儿出生时母亲和新生儿出现的诸多身心变化，包括荷尔蒙和免疫系统，嗅觉、触觉和视觉，以及亲子间最初的反应和动作。我们也探讨了最近才发现的新生儿能力——刚出生的婴儿能够自行爬到母亲胸部，含住乳头。把这种新发现纳入新生儿和母亲的照护方式上，可以促进母亲和婴儿及早建立亲密关系。我们还研究婴儿刚出生的第一个小时和家人独处的效果及其重要性，同时也说明其他相关研究成果。

由于在新生命诞生的头几天和头几个星期，在母子共处的时间中喂奶是核心，因此我们在第五章《喂奶及建立亲密关系》中讨论了帮助母亲愉快而顺利地喂奶促进母婴关系的简单做法。

在第六章《新生命诞生的头几天和头几个星期》中，我们深入探讨了一个问题：对新手父母而言，为什么额外的支持系统对减轻产后忧郁和适应家庭新状况如此重要？在此期间，如果一切顺利，那么亲子关系就会逐渐增强。

在第七章《早产儿》中，我们检视早产儿的亲子关系，说明新的早产儿照护方式如何帮助父母适应早产儿的状况，包括筑巢、袋鼠式照护和母婴同室等；了解瘦小的早产儿如何发展，和正常的足月婴儿有何不同，以及如何促进亲子关系。

在第八章《当小宝宝有先天缺陷时》中，我们探讨了父母在生下畸形儿后如何因应新的情况，我们如何协助他们适应，告知他们哪些是有害的做法。

在第九章《迈向独立之路》中，我们说明坚强稳固的亲子关系能够改善父母对婴儿需求的反应，强化婴儿对父母的依恋。我们也描绘了最初亲子关系不佳的家庭如何在短时间内解决最初的问题，以改善亲子关系。

目录

1 怀孕：开启新关系 ………………………… 001

2 从分娩开始到婴儿出生 ………………… 021

3 刚出生的小宝宝具有哪些能力？ ……………… 037

4 一个家庭的诞生：最初的几分钟和几小时 ……… 047

5 喂奶及建立亲密关系 ………………… 079

6 新生命诞生的头几天和头几个星期 ……………… 087

7 早产儿 ……………………………… 107

8 当小宝宝有先天缺陷时 ……………… 141

9 迈向独立之路 ……………………… 161

怀孕：开启新关系

　　女性和伴侣第一次知道自己孕育了新生命时，都十分激动。有的夫妇兴奋得不得了，有的夫妇却百味杂陈。

　　不过，等到最初的兴奋情绪冷却下来后，每个人——即使最热情的夫妇——都有满腹疑问：我们要怎么样扮演称职的父母亲？小婴儿应该睡哪个房间？我还有办法从学校顺利毕业吗？我们养得起这个小孩吗？我们真的准备好了吗？我们有办法放弃目前的生活方式吗？我的伴侣对即将来临的新生命真正的感觉是什么？过去怀孕不顺利的人问题就更多了：既然好不容易怀了这个小孩，我有办法顺利保住胎儿吗？胎儿会不会正常健康？我们是不是应该等到做完筛检和羊膜穿刺后，才告诉双方家人怀孕的消息？

　　无论是不是第一胎，对每个人而言，怀孕都是人生的里程碑和重要大事，会带来许多回忆和难得的体验。在每个家庭中，家人和即将出世的胎儿之间的关系都在不同的物质环境和情绪氛围中滋长。

■ 怀孕前的准备

　　准父母对于怀孕的消息是否有正面反应，其影响因素有很多：准父母是否觉得已经为养育小孩做好了充分准备？他们有没有机会一起讨论这个决定，并且深深了解对方的想法？无论这是他们的第一胎，还是第三胎，他们是否支持对方想要有小孩的决定？通常都会有一方需要花比较多的时间，才能准备好生第三胎。在家人重病或过世时怀孕，压力更是格外沉重。准父母是否都觉得有足够的财力来养育新生命？如果可能的话，准父母应该和医生或照护者讨论过去的怀孕和分娩经验，例如堕胎、死胎、流产或痛苦的分娩经验，同时应该预先规划如何减少健康方面的问题。例如，罹患糖尿病的女性应该知道，只要她们在怀孕前严密控制血糖，生下先天性畸形儿的风险就不会比其他准妈妈高。还有另外一个例子，所有想怀孕的女性都应该从怀孕前三四个星期开始，每天服用0.28毫克的叶酸①。医学界已经证明，这样做可以大幅降低某些畸形儿发生的可能性。

　　残障的女性和没有家人照顾的女性也应该事先安排好帮手，以便于新生命出生后，有人可以帮忙照顾她和新生儿。如果她们在怀孕前就把一切安排就绪，可以大大降低怀孕期间的压力。想要戒烟、戒酒或戒掉药瘾、毒瘾的女性，最好在怀孕前就寻求专业协助，才不会日后面对新生儿时老是怀着复杂的罪恶感。幸运的是，

---

　　①编者注：中国营养学会认为中国育龄妇女应从计划妊娠开始尽可能及早地多摄取富含叶酸的食物及从孕前三个月开始每日补充叶酸0.4毫克，并持续整个孕期。

目前有许多有效的方法能帮助瘾君子戒掉这些坏习惯。如果准父母童年时期曾经遭受性虐待，他们应该在怀孕前和专业人员讨论这个问题，理清心中可能的愿望。

学习照顾婴儿

为人父母者过去的经验是决定他们未来将扮演哪一种照顾角色的主要因素。小孩子通常把大人当榜样，尤其是他们又敬又爱的父母。学龄前的孩子，尤其是女孩子，特别爱扮"家家酒"，玩这个游戏似乎是在为二三十年后养育真正的婴儿而预先演练准备。父母经常很惊讶地发现，学龄前的孩子常惟妙惟肖地模仿他们的一举一动，甚至态度和脸部表情。下面这个例子就惊人地显示，一个孩子在婴儿时期受照顾的经验，经过复杂的心理过程沉淀在脑海中，成为他们日后为人父母时模仿的样板。莫妮卡天生就有食道闭锁的毛病，因此她从小就不会被大人抱在怀中喂奶，而是直接以胃管插入胃部喂养。一岁零九个月的时候，莫妮卡动了一次手术，从此她的口腔和胃部之间才有食道相通。之后三十年的生活影响显示，莫妮卡一直在模仿小时候被喂食的经验。她小时候从来不会把洋娃娃抱在怀里，因此少女时期帮别人照顾婴儿，或后来照顾自己的四个孩子时，她也从来不会把小孩抱在怀中。喂洋娃娃吃饭时，她总是把洋娃娃放在沙发上。照顾自己的四个孩子时，她也总是让小孩面向自己，坐在自己的膝上。她和小孩玩耍的方式也和自己小时候的经验一模一样，总是在小孩平躺着换尿片或洗澡时和她们玩耍。尽管她看到了周围其他人的做法，别人也给她很多建议，但她抱小孩的方式始终模仿自己小时候受照顾的经验。无论是帮别人看小孩，或是自己当妈妈，婴儿时期受照顾的经验成为她照顾小孩的固定范本。这种形态甚至影响了下一代。刚开始的时候，她四个女儿抱洋娃娃的方式都和她一样。但有趣的是，这四个小女孩在婴儿时期，每天都有一次躺在父亲的怀中由父亲喂奶。结果，五岁的时候，她们都像一般人一样把洋娃娃紧紧抱在怀中。

因此，早在女性为人母之前她就从母亲养育她的方式，以及通过观察、玩耍和练习各种照顾小孩的行为中，学习怎么当妈妈。她已经晓得当婴儿哭的时候，究竟要不要把他们抱起来，抱多长时间才恰到好处，以及小孩的健康体重是多少。小孩在很小的时候所接受的这些"事实"，成为他一生中深信不疑的重要规则。除非他在成年后，刻意花费心力详细检视自己自幼学到的态度和行为，否则当他们为人父母时，就会在不知不觉中重复这些模式。

儿童和青少年都需要有照顾婴幼儿的经验，才能为将来为人父母做好准备。许多年轻人在自己当父母之前，从来不曾照顾过小孩。如果即将当父母的人从来不曾照顾过婴幼儿，那么当他们要开始照顾自己的新生儿时，就会因为毫无经验而手足无措。我们常常建议准父母在婴儿还未出生前，先替朋友照顾小婴儿两三次。例如，第一次只照顾半天，然后再延长为一天，第三次或许可以带小婴儿过夜。当他们需要面对实际的挑战照顾自己的新生儿时，这几次练习的过程将是非常宝贵的经验，而且朋友也会非常感激他们伸出援手，让夫妻俩暂时摆脱照顾婴儿的责任，一起外出透透气。

今天，这些有计划的实习经验取代了发展中国家大多数女孩的传统经验。在传统大家庭中，年轻女孩在结婚生子之前，总是要负责照顾家里的小婴儿。也正因为拥有这些经验，她们在当上妈妈时已经调整好自己养儿育女的方式，也建立起足够的自信心。无论在哪一种文化中，每个人被抚养长大的方式，包括文化习俗和父母的养育方式，都会深深影响他们自己抚养子女的方式。

许多人都相信，既然父母和小婴儿有一种天生的自然联系，或许不应该对亲子关系着墨太多。这种说法大体上正确，但是有不少人在适应为人父母的角色和亲子关系时还是会遇到困难。尽管怀孕是完全正常的事情，但是怀孕同时也代表了一个"危险的机会"，因为就和其他重大转变一样，怀孕对许多人而言是人生的转折点，初次怀孕更是如此。危机所带来的后果将严重影响亲子关系的发展。如果能更深入了解父母和婴儿之间的关系如何开始，我们或许也更能为新手父母提供必要的协助和支持。

准妈妈对怀孕的反应

在怀孕期间，女性同时经历了两种变化：一是自己身体和情绪的变化，二是胎儿在子宫中的变化。每个人对这些变化的感觉都不大相同，要看这是否是有计划的怀孕，是否能得到另一半的支持，孕妇是否和准爸爸住在一起，是否获得家人的支持，或是否有其他小孩而定。孕妇的感觉也会受到下列因素影响：家里其他小孩的年龄，她的职业或她是否想上班，她的童年回忆，以及和父母的感情等。大多数妇女在怀孕时期会出现较强烈的情绪，情绪起伏也比较大，情绪时好时坏，还常常陷入矛盾之中。尤其是生第一胎的妇女了解到自己即将有个小婴儿，生活方式将有重大改变时，她必须开始学着自我调试，转换角色，从只为自己负责，变成一位处处为婴儿的生活福祉打算的母亲。而准爸爸由于人生的优先顺序改变，财务负担加重，情绪上也会受到很大的冲击。

　　有的妇女从受孕和知道自己怀孕的那一刻开始，就感觉到自己有所不同，有的人则慢慢才有即将生儿育女的感觉。怀孕初期，当通过超音波影像看到胎儿的活动，以及在怀孕五个月左右感觉到胎动时，孕妇才开始建立起与腹内胎儿的联系。这时候，准妈妈通常会开始想象婴儿的样子，尤其会想象婴儿的个性，开始初步建立和婴儿在情感上的联系。结果，她可能更能够接受自己怀孕的事实。在这个时候，即使是计划之外，不受欢迎的小生命似乎也逐渐为准妈妈所接受。准父母现在可能觉得应该开始做些准备，他们会采购婴儿的衣服、婴儿床，为婴儿取名字，并且重新布置家里，准备迎接小生命。

　　在澳大利亚的一项研究中，研究人员探讨了三十个妈妈怀第一胎时的感觉和想法。在怀孕八到十二周的第一次访谈中，有70%的准妈妈说，她们无法相信自己体内真的有个胎儿，她们从来不曾想象胎儿的样子；对她们而言，胎儿还不能算真正的人。另外有些人则认为胎儿已经是个真人，她们会不由自主地开始想象小婴儿的样子。这些准妈妈比较会带着感情来描述胎儿，万一不幸流产的话，她们也预感到自己将会非常伤心。当孕妇身体出现严重问题，或准爸爸对胎儿漠不关心或没有给予孕妇情感上的支持时，孕妇就不会对胎儿产生情感上的联系。研究人员在访谈结束后，要求孕妇画出她们想象中的胎儿模样。在怀孕八到十二周的期间，胎儿其实还不成形，但是随着孕期的推移，胎儿会逐渐发育出人形。

　　布瑞佐登医生曾经说明，怀孕期间的改变和烦乱不安的情绪对日后母亲和新生儿之间的情感联系会产生重要的影响。他认为，初次怀孕的母亲之所以焦虑不安，是因为担心自己不能适应妈妈的角色。他相信，此时的焦虑从某个角度而言，非但没有破坏力，反而会充分激发准妈妈的能量，来因应眼前艰巨的任务。他把"怀孕期的混乱看做为新关系做准备，同时也准备好因应'为人母'的各种选择的……以及建立起对婴儿需求的敏感度"。他表示，医生可能认为准妈妈"焦虑不安"或"需要协助"，其实她们的反应属正常的焦虑范围。他认为向准妈妈保证她们的感觉很正常、很健康，是建立准妈妈信心，并且帮助她们做好为人母的各种准备的重要步骤。

因应怀孕带来的焦虑和压力

布瑞佐登和其他学者虽然认为孕妇在适应怀孕的过程中感到焦虑是很正常的现象，但是焦虑的妇女仍然可以寻求帮助，以消除焦虑的感觉。焦虑和压力可能会影响女性对自己的和对婴儿的感觉，并且释放出压力荷尔蒙，因此引发一些症状，让孕妇感到害怕和失控，进而影响怀孕。

要有效疏解焦虑，并且帮助孕妇了解自己的压力，我们必须仔细聆听她们担心的事情和她们的想法。单单知道有人聆听，就能减少焦虑，把焦虑转化为对怀孕的正常反应。除此之外，可能还必须找出目前孕妇生活中的压力来源是什么。同时准父母在怀孕期间，还需要非比寻常的坦诚开放。孕前必须"在生理上开放地"承担起孕育腹中胎儿的工作，同时"在心理上也敞开心胸"，接纳即将出世的婴儿。准爸爸也需打开心胸，有时埋藏在潜意识中始终没有疏解的童年问题在此时又会重新浮现，扰乱情绪，引发高度焦虑，甚至导致出现某些症状，需要进一步探讨和解决问题。

任何压力，例如搬家、外遇、亲友过世、过去堕胎或婴儿夭折

的经验，都会让准妈妈觉得缺乏爱与支持，开始担心自己和婴儿的生存与健康，并因此延后为婴儿所做的种种准备，迟迟未能和婴儿建立起紧密的情感联系。怀孕三个月后，如果孕妇还是非常关注外表的改变或展现负面的自我认知，在情感上过度退缩或喜怒无常，出现不寻常的焦虑和沮丧，身体过度不适，对于胎动毫无反应，或到了婴儿出生前三个月，还没有任何迎接新生儿的准备等，这些都是压力导致的行为，表示孕妇仍然排斥怀孕这一事实。

必须有人询问孕妇目前感觉如何，有没有什么担心或害怕的事情，有没有碰到什么问题。通过讨论这些问题，她抒发自己内心的恐惧和感觉而得到帮助。敏感而有同理心的聆听者可以认同孕妇的感觉，让她知道有人愿意聆听，而且也了解她的感觉。有时候，聆听者也可以帮助孕妇寻找忧虑的原因，设法解决问题。如果孕妇始终无法消除焦虑的感觉，或许就需要更具专业技巧的人来协助她深入探讨内心的感觉。

过去几十年来，我们对于心灵如何影响身体有了更深入的了解，许多新领域，例如精神官能症，就是研究这方面的效应。许多研究显示，忧虑的人免疫力会明显降低，比较容易受到细菌感染。就好像恐惧或压力可能会加速心跳，造成肌肉紧张一样，无论有意或无意，类似的情绪也会影响怀孕和分娩时的心理系统。有些怀孕的并发症，包括妊娠剧吐症、早产、流血、腹中胎儿停止成长和其他情况，都能利用心理疗法和催眠技巧等成功改善孕妇的情况。我们亲身经历的以下几个案例显示，未经疏解的情绪对怀孕过程会产生多大的影响。

德博拉的产科医生介绍她来找我们，因为她在怀孕五个月后，仍然"对胎儿毫无感觉"，而且胎儿也没有长大。我们和她讨论她的感觉时，她表露出对丈夫的怒气和灰心。过去五年来，家里一直靠她负担家计。但她怀孕后，先生却没有表示关心，也不觉得有责任好好照顾她，她感到很伤心。不过，她没有办法坦然自在地告诉丈夫她的感觉或吐露自己的伤心和愤怒。同时，她也没有好好照顾自己。为了弄清楚事情为什么会演变成这样，她开始回想生命中的重要大事。德博拉还记得自己很小的时候父亲曾经狠狠斥责她，她当时觉得很丢脸，也很害怕，从此就认定以后绝对不要跟男人顶嘴，因为后果实在太可怕了。由于这种深植内心的恐惧，德博拉很懂得自我保护，无论和父亲或后来和其他男人之间，都无法有自然的互动关系。她总是想要讨好别人，每当关系出现问题时，她总是避免流露出真正的感觉。

德博拉十一岁的时候，母亲罹患了末期癌症。父亲要求德博拉每天放学后早早回家照顾母亲，直到他下班为止。因此，德博拉不能参加任何学校活动，也无法和同龄的孩子玩耍。母亲的病令她既害怕，又担心，而且父亲赋予她的责任也远远超过了她的年龄所能承受的程度。虽然她辛苦帮忙照顾母亲，母亲终究还是过世了。德博拉觉得自己很失败，而且还怀着罪恶感，因为当时她偶尔会有私心希望可以不必照顾母亲，去做其他事情。从此她开始觉得自己不配得到别人的关爱。

在回忆这些事情的时候，德博拉又想起很小的时候，母亲曾经提到她出生时家里的状况十分窘困，当时"根本没有空间容纳小婴儿"。这个信息埋在她内心深处，等到她怀了第一个小孩时，又重新出现在脑海中。她把母亲的话解释为妈妈不想要她。事实上，她的家人当时和其他几个家庭一起住在一个小房子里，住处拥挤不堪，确实"没有空间容纳小婴儿"，但是没有任何迹象显示父母当

1

怀孕：开启新关系

时不想要她。

所以，德博拉潜意识中对怀孕的认知源于自己婴幼儿时期的印象，目前怀孕的状况唤起她童年时期错误的自我认同经验。在治疗过程中，她借着想象母亲怀孕时的喜悦重塑童年的生活经验，因此得以和丈夫一起展开新生活。尽管问题很棘手，但是毋庸置疑，由于关心腹中胎儿，德博拉很担心目前的状况。到诊所进行了三次心理治疗之后，德博拉终于能够开口和丈夫讨论她所需要的支持，表达母亲过世带来的悲伤，卸下了自幼因母亲过世而带来的罪恶感，而且能够认同当初母亲怀孕时感到的喜悦。她开始照顾自己，改善胃口，同时想象胎儿成长发育的样子。经过一段时间后，胎儿快速成长，德博拉生下了一个健康、足月的婴儿，重达八磅七盎司（约3.68千克）。因此，她对亲骨肉有了不同的感觉，和怀孕最初几周的观感大不相同。

还有一次，我们碰到了年轻妇人柯琳。柯琳怀孕三十二周，感到十分焦虑不安。助产士建议她找心理医生谈谈她的焦虑。这是柯琳的第二胎，怀孕期间一切正常，但是她一直在考虑如何减轻工作负担，以便亲自母乳喂养，同时在婴儿出生后，让自己有一段时间养好身体，照顾婴儿。当她表达自己的担忧时，可以感到子宫紧张收缩。她觉得很害怕。心理医生要求她随着这些感觉进入内心深处，回想自己究竟是从什么时候开始出现这些感觉。

她很快回忆起几天前助产士告诉她，她的尿液中检测出血糖，如果情况不好的话，就需要注射胰岛素。她现在才恍然大悟，她就是从那时候开始变得忐忑不安。她想起来由于自己还在蹒跚学步时，曾经有过伤口缝合和拆线的经验，因此从小就很怕打针。于是，她还用想象的技巧，在脑子里重新回想一遍幼时的经验，开始感觉到可以掌控目前的状况。同时，她也学着想象手臂麻木、没有感觉的状况，借此疏解过去的痛苦，学会如何利用自我麻醉的技巧，来应付未来可能需要药物注射的状况。

一旦克服了对打针的恐惧，柯琳立刻重拾自信，觉得放松多了，子宫收缩也自然停止了。直到这时候，她才明白，心理因素在不知不觉间影响了自己的身体状况。尽管柯琳最初认为目前的工作重担是引起焦虑的主因，但是唯有深入探索内心的感觉之后，才能挖掘出童年的创伤。她一直没有解决童年碰到的问题，直到怀孕时问题才又重新出现，一想到打针就引发内心深深的恐惧，进而把不安的情绪投射到怀孕上。她很乐于学习各种放松的技巧，以便未来感到紧张时懂得如何疏解压力。医生也协助她想象未来顺利产下足月婴儿的景象，而她在两个月后，确实也顺利产下新生命。

有些准妈妈在怀孕期间会谈到生活中所面对的压力，担心这些压力影响腹中胎儿。根据文献资料，当妈妈非常焦虑不安时，胎儿的心跳也会加速，但重要的是，孕妇应该认清人生中出现某种程度的压力其实是正常现象，胎儿在子宫里仍然可以适应母亲的各种变化，在正常的适应过程中也不会有什么问题。但另一方面，如果准妈妈出现严重的慢性压力和焦虑，就应该主动提出来，并且需要通过他人的帮助和支持以疏解这种状况。准妈妈如果感到有不寻常的压力，最好把心静下来，放松自己，同时找出压力的来源。

怀孕期间最普遍的心理变化就是把注意力的焦点完全放在自己身上，威尼考特以优美的文字描绘了这种状况：孕妇"总是说她关心的事情愈来愈狭隘。或许更好的描述是她关注的方向从外部转移到内部。她慢慢把腹中的胎儿当做全世界的中心"。

泰国的情况提供了很好的例子，让我们看看美国以外的国家如何因应怀孕期的调试问题。几百年来，泰国的妇女一旦怀孕，都会购买一座母与子的黏土雕像。等到婴儿出生后，她们会把雕像丢入河中，因此婴儿出生前的母子形象就此随波而逝，取而代之的是真实的母子关系。

准爸爸的角色

准爸爸所经历的心情起伏也和准妈妈类似。妻子怀孕期间，他们必须重新评估自己的角色，承担起养家的责任，成为小孩的榜样和妻子的支持者，因此自己也需要一段适应的过程。准爸爸自然也会联想到自己与父亲相处的经验，尽管每个人的经验不见得都很愉快。更复杂的是，在美国典型的核心家庭结构中，无论在地理上或心理上，年轻夫妻通常都不再与亲人住在附近，因此丈夫通常就成为妻子唯一的依靠。更何况，即将为人父者也有他们自己的忧虑和需求，这些都可能影响到他们对妻子怀孕的态度。

面对妻儿，准爸爸必须扮演更积极的角色，但在适应过程中，他们通常得不到什么协助。这是最不幸的事情，因为今天大多数第一次当爸爸的人都很渴望扮演好自己的角色，他们应该好好把握住这种渴望建立亲子亲密关系的宝贵能量。多年前，人类学家米德（Margaret Mead）就发现了父亲和婴儿的紧密联系中蕴含的力量："需要男人离家工作的发展中社会，都不容许年轻男人进入产房，触碰新生儿，把这种行为视为社会的禁忌。因为他们知道，一旦社会接受了这种行为，年轻的父亲会就此'上钩'，再也不愿意离开家庭，去做他们该做的'事情'。"但是在今天孤单的核心家庭中，父亲最应该做的事情就是多多参与妻子和新生儿的生活。如果产科医生、助产士或小儿科医生在产前检查时能问准爸爸一些问题，将会提高准爸爸的自尊心，也会激励准爸爸在妻子分娩的过程中和新生儿来临后，扮演好为人夫和为人父的关键角色。

如果没有任何社会机制来协助准父母应付怀孕期间的重大转变和冲突，那么原本怀孕期在传统上只是寻求支持的过渡期，却可能演变成一场危机。正如同我们前面所说，在孤立的小家庭中，准父母很可能根本不懂得照顾婴儿，也无法向其他准父母求教。

■ 新科技的影响

羊膜穿刺术和超音波等新科技已经以许多不同的方式影响了准父母的感觉。这些产检技术的好处是消除了畸形胎的疑虑。我们曾经看过一些父母在做过超音波检查后，开始为婴儿取名字，而且往往随身携带胎儿的超音波照片。另一方面，许多准父母在知道婴儿的性别后，不禁露出失望的表情——因为怀孕期的谜题已经揭晓了一半。

过去二十年来，医学界花了很多心力，运用愈来愈复杂的筛检程序来检验胎儿是否健康正常，包括超音波胎儿影像，用来检验脊椎和中央神经系统异常等多种问题的甲型胎儿蛋白（AFP, Alpha-Feto Protein）血液检查，以及为唐氏症和其他疾病而发展出来的各种检验。最近，产检又增加了两种荷尔蒙检验。在许多情况中，前面提到的各种检验的结果都显示胎儿很正常，因此检验的功能只不过是让准妈妈们安心罢了。然而，这些检验同时也暂时引发了不必要的焦虑，因为第一次筛检有时候会发现胎儿异常，但是进一步的检验又推翻了前面的发现。例如，在一千位接受产检的孕妇中，有

三十位准妈妈会发现腹中胎儿可能有问题。这些准妈妈当然会变得极端焦虑。尽管统计数字显示，最后三十位准妈妈中，将有二十九位在后续检查中发现胎儿一切正常。结果，在一千个胎儿中，只有一个是畸形儿，但另二十九位准妈妈整个星期担惊受怕，直到更精密的检查方式安了她们的心为止。而且，即使后来的检查结果保证胎儿一切正常，这二十九位准妈妈中，仍然有一两位继续相信她们的孩子不太正常，即使医生再三保证胎儿正常都无济于事。

虽然电视报纸充斥着有关畸形儿的报道，但令人心安的是，相对而言，畸形儿其实非常罕见。通常在一百个新生儿中，只会出现一两个重大异常，而且今天许多身体异常状况都可以靠手术来治疗。准妈妈在怀孕期间很容易出现各种幻想和恐惧，甚至恐怖的噩梦。事实上，大多数的准妈妈都会梦到自己生了畸形儿。不过，许多新的产检方式可能也加重了准妈妈的恐惧感。

当准妈妈在怀孕期间或生产后担心孩子的健康状况，而医学检验却显示一切正常时，如果照顾者能和她一起探讨恐惧所代表和象征的意义，将会大有帮助。通常只需要一点点讨论就可以消除这类扰人的感觉。以下是我们在执业过程中碰到的例子，足以说明恐惧是如何产生的。

贝琪向小儿科医生抱怨六个月大的女儿布丽姬不太对劲，她觉得和女儿不太亲近。尽管小儿科医生告诉她，小孩的一举一动都很正常，贝琪仍然不觉得女儿没事。她说比起活泼好动的三岁儿子来，布丽姬显得很安静而被动。

贝琪是有计划地怀孕而生下布丽姬的，但是在怀孕头三个月中，由于出血严重，她遵医嘱在床上躺了三个星期。三个星期后，怀孕的情况就恢复正常，分娩和生产过程都很顺利，贝琪生下了一个健康的女孩儿。她为布丽姬担心害怕，其实是从卧床休息的那三个星期开始的，当时她开始怀疑胎儿是否真的正常。胎动开始后，贝琪观察到与前一次怀孕相比，这次的胎动不是那么频繁，也没有那么强劲，因此她更加担心，但是却没有告诉任何人。

虽然女儿足月生产，而且很健康，但贝琪仍然害怕婴儿可能因为自己身体的毛病而受到某种程度的伤害。由于照顾者耐心聆听贝琪的恐惧，贝琪终于慢慢了解她从怀孕初期就一直怀着这样的恐惧，对于自己身体的不适满怀罪恶感，而且不敢对任何人讲。说开了之后，她开始展开疗愈的过程。虽然如果她能在怀孕初期就疏解内心的恐惧，她的身心会比较健康，也会比较轻松地经历生产过程，但是找到原因之后，她就有办法去除原本的恐惧。当有人聆听她的感觉时，贝琪才能真的听进医生的话，两个孩子只是性情不同罢了，她原本的忧虑根本毫无根据。所以如果当妈妈的人始终感到担心、忧虑，并出现症状，最好及早提出来讨论。越早讨论这些问题，准妈妈在怀孕期间就越有可能感到轻松和自信。

怀孕期间，医生也会采取其他科技手段来评估胎儿的发育状况、生理机能，以及胎盘能否输送充足的养分和氧气给胎儿，并排出二氧化碳。但完整而细密地解读检验结果后，许多夫妻都被尚待质疑的检验结果给吓坏了。

准父母应该如何面对这些检验以避免不必要的焦虑？首先，他们应该问："这些是已经确定的结果吗？"在一个父母互动团体中，好几位父母亲强调他们唯一的因应方式就是一再反复问问题。我们曾在一次会议中向准父母说明一份被错误诠释的筛检结果。在回忆快结束时，我们发现必须请在场的父母以他们自己的口吻说明他们对这种情况的看法。（例如，"或许你可以解释给我听，你是

1

怀孕：开启新关系

怎么看这个问题的？"或"也许你可以告诉我，你究竟怎么解读我告诉你的事情？"）和父母讨论的过程中，我们了解有时候我们说得太快了，或是使用的语言太复杂了。令我们非常惊讶的是，这些父母经常误解我们的话或不敢问问题。

有的夫妇为了治疗不孕症，曾经运用复杂先进的新科技，努力了许多年，他们特别容易感到焦虑。他们曾经历了漫长的煎熬，包括计算精子的数目、测量肛温、妇科检查、动手术、实施人工授精和试管婴儿胚胎植入等，他们服用的强效药物可能在心理上产生副作用。当太太终于怀孕时，夫妻俩经历了兴奋和焦虑、希望和恐惧、热切期待但又小心翼翼等错综复杂的情绪。只有当怀孕期间一切顺利时，他们才放下心中的大石头，建立起一点点自信心。

曾经因治疗不孕症而身心疲惫的父母通常都会暗自担心，害怕婴儿可能有先天缺陷。往往需要有人在母亲怀孕过程中不断给予充分支持，保证一切都进行得很顺利。在试图怀孕的过程中曾有多次流产和胎死腹中经历的父母，必然会有很长的一段时间都悲伤不已。团体治疗方式通常能帮他们彻底发泄伤痛的情绪，平心静气地面对即将来临的新生命。如果他们没能适当处理原本的伤痛，那么他们可能就会把原先对夭折的胎儿所有的关心和忧虑全部转移到新生儿身上，结果健康的新生儿可能会受到过度的关心与保护。

■ 我们的建议

（1）彼此沟通。

准父母应该尽量抽空讨论即将面对的状况。怀孕有时候会搅乱两个人之间原本似乎已经解决的问题。准父母每星期至少谈话两三次，将有助于了解彼此的感觉。

（2）理清病史。

在怀孕初期，很重要的是必须向医生及护士提供有关家族病史的资讯，以及是否有过堕胎、死胎、新生儿夭折或生病的经历，以及过去的怀孕及生产经历。如果这些问题和其他深植内心的忧虑经常浮上心头，看来没有根本解决的迹象，那么准父母最好寻求心理医生的协助。

（3）解决问题。

有一些需要住院的医疗状况，例如早产、严重害喜等，都能借由心理治疗和催眠而获得舒缓。孕妇可以借着这些疗法了解问题的根源，甚至因此解决问题。孕妇只要练习几次，就能学会自我催眠的技巧。

（4）分娩过程中的支持。

准父母或许应该考虑在分娩期间聘请有经验的妇女提供持续的协助与支持。研究显示，陪产士能提供持续性的情绪支持，大幅缩短孕妇分娩的时间，降低剖宫产和其他并发症的发生率。每一对夫妇都应该在生产前三个月就预作安排，在社区中找到能够在分娩时和产后协助照顾孕妇的陪产士。曾经获得照顾的准父母都热心地指出，陪产士不管对他们个人或对他们的婚姻都发挥了很大的情绪安抚作用。我们在第二章和第四章中将会更深入地说明陪产士的工作，以及另一半如何扮演好自己的角色。

（5）产前教育。

我们强力建议准父母参加产前教育课程，他们可以和另一半及其他准父母分享个人的经验、忧虑、需求和问题。这些课程让他们

有时间深思熟虑，了解自己担心的许多问题其实都是怀孕期的正常现象。很重要的是，通过这些课程，他们有机会从产前教育人员那儿接收到最新资讯。准父母在团体中获得的友谊不但能帮助他们度过怀孕最关键的几个月，同时也帮助他们适应照顾新生儿和喂母乳的状况。比起医院中的产前教育课程，社区开设的产前教育课程有一个很大的好处就是让准父母听到各种可选择的生产方式，并且选择一种最适合自己的方式。尽管产前教育的目的都是协助准父母面对实际的分娩过程，但也达到了额外的功效——让准父母分享希望、期望、恐惧和疑问。新结交的朋友代替了家人，协助他们适应新生命来临的状况。准父母们通过共同的参与，产生了亲密的联系，他们通常在往后几年都一直保持联系。

（6）参访。

在美国，几乎所有的医院都会定期安排准父母参观产房和产后休养的病房。准父母通常都很高兴能事先参观新生儿出生的环境，把握难能可贵的机会，亲自询问生产时实际发生的状况。

（7）剖宫产。

即将剖宫产的准妈妈应该详细为生产过程作准备。父亲在手术时始终陪伴，以及母亲和新生儿之间的紧密接触，都能改善发展中的家庭关系。许多医院把以家庭为中心的产妇照顾方式推广到剖宫产的产妇，这对于所有参与其中的家人而言，绝对有益无害。当准爸爸决定陪产时，应该对手术室中可能发生的状况有周详的准备。准爸爸应该待在床头，握着妻子的手，说几句简单的话来安抚她的情绪，例如："我爱你，一切都会很顺利，放心好了。"这可不是拍摄影集的时候。第二天，陪产士和新生儿的父亲应该和产妇一起检讨整个过程，理清一些误解，同时再次安抚产妇，她已经尽了最大的努力了。

（8）不寻常的压力。

亲人（父母、兄弟姊妹或丈夫）罹患重病或过世等家庭中的重大压力来源可能会对怀孕、新生儿照护和母子间的亲密互动产生令人困扰的影响。为人父母者只有意识到这类压力可能造成的影响才能预防或疏解可能的问题和焦虑。

（9）延长住院时间。

当孕妇由于毒血症、糖尿病、高血压或胎儿在子宫内生长迟缓等问题，而需要在高风险产科照护中心长时间住院时，她们必须设法适应医院的环境，并且鼓励家人遵照医院的指示来照顾孕妇。孕妇和丈夫应该询问医院其他小孩什么时候可以来探病，是否有空床可以让准爸爸留下来过夜陪伴妻子，以及哪里有可供全家人聚餐的餐厅。通过以上努力，准父母可以把医院变得更像个家。

2

从分娩开始到婴儿出生

　　要了解父母与新生儿之间的紧密联系，就必须先探讨父母亲（尤其是母亲）在分娩和婴儿出生的关键时刻接受了什么样的照顾。有些人说，虽然出生的过程很重要，但是只代表一个人一生中的一天而已。其他人则把出生看做人生发展的重要时刻，甚至把出生的经验视为对婴儿与母亲（通常也包括父亲）人生最关键的时刻。我们认为出生非常重要，也并不是一个孤立的过程。孕妇过去的经验、目前的生活状况、医院环境等因素都会影响生产过程，并且决定生产过程对孩子未来发展的影响。

　　妈妈通常在小孩出生多年后，都还记得生产过程中她们是否感到自己能控制整个生产过程，还是觉得情况失控；是否受到尊重，还是觉得受到忽视、奚落，或感到自己不足；是否感到被剥夺了选择机会或受到严重干预。她们记得当时别人说的每个正面或负面的字眼；也记得另一半在分娩过程中是否抛开其他活动，真心陪伴她

们；是否有专人在产房照顾她们；还有，是否有一段时间，她们被单独留在产房中。她们在多年后也会记得，婴儿出生后，她们是否立刻就能把婴儿抱在怀中，还是和新生儿分开了很长一段时间。有时候，孕妇不太可能完全抛开过去的经验、信念或期望对分娩和生产所造成的影响，但照护者可以帮助准父母尽量把生产过程安排得单纯而有意义，提高准父母的参与度，并且选择对新生儿身心健康最好的方式。

女性的身体完全为因应生产过程做好准备，当产妇非常放松，并且能在适当协助下让身体发挥原本的功能时，整个系统就能运作顺畅。放松、想象（就好像许多奥运选手一样）、情感上的支持和其他方法都会对生产过程有所帮助。准父母需要对必要时可能采取的医疗措施具备基本知识。他们可以草拟生产计划，以便预先和产科医生或助产士讨论，确定彼此有完全的共识。由于原定的照护者届时可能分身乏术，因此和候补的照护者预先建立一致的共识也很重要。

预先拟定生产计划

以下是我们在执业过程中碰到的几个案例。

派翠西亚和吉姆在迎接即将来临的新生儿时，找到了一位愿意和他们一起讨论生产计划的医生。他们阅读了很多资料，对孩子的出生有一套自己的想法，也怀抱许多希望。例如，派翠西亚希望在分娩期间能够尽量走动，如此一来，地心引力和身体姿势才能促进子宫收缩，有助于婴儿顺利呱呱落地。医生同意每十五分钟才检查胎儿心跳一次，而不是持续监测，因为如果要持续监测胎心音，派翠西亚大半时间都得躺在床上。医生认为，他们的想法大都蛮有道理，合乎正常的分娩原则，三个人都同意如果出现任何值得担忧的问题，当然要遵从医生专业的医疗决定。

医生也完全同意，聘请陪产士是个好主意。派翠西亚和吉姆在产前教育的课堂上从同学那儿听来一些名字，面谈了好几位妇女。选定了陪产士后，他们在孩子出生前拜访了陪产士三次，练习放松技巧、想象技巧，以及如何改变分娩的姿势，并且练习其他生产姿势。

派翠西亚和陪产士讨论时，也谈到她对疼痛的恐惧。她从陪产士那儿学到如何在心理上将别人无益的批评（例如"生小孩实在很痛苦"之类）抛在脑后，而专注于身体要产下新生命的自然力量。他们讨论了吉姆对分娩的感觉，以及他应该如何协助妻子。对派翠西亚而言，最重要的事情是，吉姆应该扮演支持她的主要力量，不要因为有了经验丰富的陪产士而觉得受到排斥。吉姆和陪产士讨论如何通力合作轮流照顾派翠西亚。他们之间不是竞争的关系，而是相互协助的角色，陪产士的功能则是协助准父母两个人。在练习放松技巧的时候，派翠西亚体认到当自己焦虑时，肌肉就变得紧绷。她从呼吸和想象的联系中学会了如何疏解紧张的情绪。

分娩阵痛开始后，他们之前所做的种种准备果然十分有用。放松身体的技巧（放松每个紧绷的肌肉群）没有像他们想象中那么有帮助，但是子宫收缩时的呼吸技巧以及在脑海中想象的技巧，大幅降低了派翠西亚的压力，减少了分娩的痛苦。派翠西亚也发现，吉姆和陪产士在分娩过程中不断给予她支持和指引，表现近乎完美。三个半小候后，他们惊讶地发现，派翠西亚生下了重达七磅半（约3.4千克）的健康男婴，而且她自己没有裂伤，也不需要会阴切

开术。吉姆和派翠西亚觉得所有的准备都是值得的。

分娩过程中得到的支持与照顾让吉姆和派翠西亚的成就感和自尊心大增，让他们觉得胸有成竹，受到尊重，也得到了周到的照顾。抱着宝宝的时候，他们体验到一种强烈的情感联系。根据我们的印象和经验，准父母在分娩时受到的关爱和照顾愈多，就愈容易接受新生命，建立亲子间的紧密联系，能够对小宝宝的需求有所回应。

不幸的是，并非所有的生产过程都如此顺利。有些不可避免的情况可能改变生产过程，但是只要父母和医护人员通力合作，则可以避免以下所描述的状况。

玛丽开始每隔五分钟就感觉子宫收缩。她打电话给医生，医生叫她立刻去医院。抵达医院没多久，子宫收缩的频率开始下降，偶尔才出现一次。产科医生认为要不然就让玛丽先回家休息，要不然就是观察看看子宫收缩会不会又逐渐加快，或采取人工破水让羊膜破裂，看看会不会加快子宫收缩。由于玛丽已经到了医院，而且似乎已经开始阵痛，医生决定实施人工破水。几个小时后，子宫收缩的频率稍微加快，但是还不是非常强烈，而且子宫颈开口也没有扩大。

这时候，产科医生决定注射催产素（催产素是一种能刺激子宫收缩的天然荷尔蒙）。他慢慢增加催产素的剂量，但是子宫颈开口的情况仍然没有变化。当催产素剂量增加时，子宫收缩变得十分强烈，而且很痛。虽然玛丽原本不打算注射任何止痛药剂，然而疼痛的程度超出她原本的预期，她要求采取硬脊膜外麻醉的止痛方式。尽管她原本计划开始阵痛后仍然在产房中走动，如今由于采取硬脊膜外麻醉和催产素静脉注射，她却只能躺在床上。产程进行得很慢很久。时间一分一秒过去，玛丽和先生变得愈来愈沮丧，精疲力竭。

当分娩过程进行了快二十个小时的时候，产科医生表示，由于已经破水，必须在二十四小时内让婴儿出生。这时候，医护人员注意到玛丽已经开始发烧。医疗记录显示她的体温在过去八小时内逐渐上升。虽然发烧可能是因为她采取了硬脊膜外止痛法，但医生担心也可能是感染所引起的发烧，担心会对胎儿造成影响。于是他告诉玛丽夫妇目前的状况，由于担心胎儿受影响，他建议或许还是采取剖宫产比较保险。这个决定与这对准父母原本的计划截然不同，但是每个人最关心的都是能不能产下正常健康的宝宝，而且妈妈也安然无恙。

剖宫产非常顺利，但是婴儿一出生呼吸就很急促。他们请新生儿专科医生来检查小宝宝的状况。医生向他们保证新生儿很健康，但是由于婴儿呼吸急促和妈妈发烧仍然有可能是感染所引起的，因此必须把婴儿转到特殊病房持续观察，做血液细菌培养和腰椎穿刺检查。结果母亲和婴儿必须分开一段时间。虽然玛丽可以到婴儿室探望自己的宝宝，但是由于剖宫产的不适和减痛分娩引起的头痛，她直到第二天早上才去看小孩。这时候新生儿情况已经改善许多，但仍然住在隔离病房中。医生准许玛丽抱抱小孩，但是由于她很不舒服，以及婴儿室仍算公共的环境，她不想那时候就开始喂母乳。她觉得很沮丧，因为她已经计划了好几个星期要像在录影带中看到的一样，宝宝一出生就把他抱在怀中亲自喂母乳。

今天在美国，发生在玛丽身上的情况毫无必要地发生在其他许多人身上。准妈妈们可能期待一切都很顺利，由于已经找到声誉卓著的产科医生，因此不需要任何特别的协助或预先规划。然而某些

2

加速分娩或控制生产的介入性医疗措施有时候会推翻原本正常的生理机制，因此需要预先讨论，慎重决定。

虽然玛丽当时已经开始宫缩，但是根据大部分的定义，她还不算真正进入分娩的过程，因为子宫颈还没有扩张变薄，也还没有自然破水。回头来看，她可能还没有开始真正的分娩阵痛，原本先回家继续等待可能会比较好。如果她事前曾经和产科医生一起拟定生产计划，说明除非碰到特殊状况，否则不采取人工破水，不监测胎心音，也不注射催产素，或许她有机会选择不同的生产方式。她可能先回家等候真的分娩阵痛开始，她可以在先生陪伴下，在家里四处走动，等到阵痛真正开始再回到医院。在这种情况下，剖宫产和减痛分娩或许都毫无必要。

每一种医疗技术的介入都需要仔细权衡是否有必要，不只要评估潜在的风险和效益，也要评估这么做对准父母的生产经验和亲子第一次接触所带来的影响。由于第一次介入可能导致第二次介入，因此可能带来或遏止的选择也应该一并纳入评估。一次医疗介入会导致下一次医疗介入，最后带来一连串愈来愈严重的医疗介入。

医疗介入的效应

我们在1993年出版的书籍《像母亲般照顾孩子》（*Mothering the Mother*）中，详细检视了每一种形态的医疗介入对剖宫产比率和生产经验造成的影响。以下是简单的说明。

破水

如果母亲开始分娩阵痛，人工破水会缩短整个产程四十分钟到两个小时。不过，人工破水同时也启动了倒计时，通常破水后，产妇必须在二十四小时内把婴儿生下来，否则医生会担心细菌侵入子宫，感染胎儿。在分娩过程中，完整无缺的羊膜是保护胎儿头部的栅栏。当胎儿的头部从产道口冒出来时，有些婴儿的头皮和头盖骨之间会有皮内出血的现象，我们称之为"胎头血肿"。如果生产过程中没有羊水保护，这种现象就更容易发生。胎头血肿不是危险的并发症，不会有副作用，也不需要治疗，但是却会令父母感到沮丧。最后，人工破水的过程可能很痛苦，让产妇觉得很不舒服。

许多母亲告诉我们，在人工破水后她们有一种失控的感觉，觉得分娩不再是可以控制的自然过程，因此觉得更加无助。我们建议除非有特殊的医疗需求，否则最好还是不要采取人工破水的方式。

胎心音监测

父母和产科医生面临的另一个重大决定是，是否应该有规律地监测胎儿的心跳速率。有九份来自各国的研究报告显示，针对健康的孕妇进行胎心音监测并不会改善胎儿的状况。尽管如此，美国医生仍然普遍采取监测胎心音的做法，免得新生儿有问题时会面临法律诉讼的威胁。持续监测胎心音时，母亲在待产时就无法走来走去，因此会降低重力的影响力，拉长分娩的时间。在九个关于胎心音监测的研究中，采取胎心音监测的那组孕妇剖宫产的人数是另外一组的两倍。关于要不要进行胎心音监测，在大多数的产房中，实际做法只要每十到十五分钟用听诊器检查胎心音就可以了；或是每半小时或一小时监测胎心音一小段时间。曾经深入研究过这个问题的专家大都认为，如果产妇没有出现任何并发症，胎儿成长发育也都很正常，那么监测胎心音不见得有太大帮助。

催产素

第三种医疗介入的方式是注射天然荷尔蒙催产素，催产素通常用来提高子宫收缩的强度和频率。医生通常会增加催产素的剂量，直到子宫收缩开始增强。许多产妇到目前为止或在过去的生产经验中，都有办法应付正常分娩时子宫收缩的不适，但到了这时候，往往因为新增的痛苦实在太强烈了，只好推翻原本的计划，打止痛针。在这种情况下，医生通常的做法都是持续硬脊膜外腔注射。有的产妇则在打催产素之后，由于子宫收缩太过激烈，简直无法继续下去，必须立刻用其他药物缓和催产素的药效。

硬脊膜外麻醉

硬脊膜外麻醉是产科医师常用的疼痛控制方式，这个方法能够有效地降低大多数产妇子宫收缩的疼痛。但是，在某些情况下，子宫收缩所引发的疼痛仍然会令产妇感到非常不舒服。产妇采用硬脊膜外麻醉的经验很不一致。采取这种止痛方式的产妇实施剖宫产的比例比一般产妇高很多，原因通常是因为在分娩的第二个阶段产妇无法感觉到自然的推力。

不幸的是，当妇女在分娩初期就接受硬脊膜外麻醉时，三分之一的母亲和婴儿会发烧到39.4℃到40℃，胎儿的体温通常比母亲高出0.17℃。当婴儿出生时，医生无法断定产妇和婴儿体温升高是感染还是注射止痛剂的结果。因此，医生会把婴儿安排在隔离病房为婴儿做腰椎穿刺和血液检查，并且配以抗生素治疗，直到检查结果显示没有受到感染为止（通常需要三天）。除此之外，接受了硬脊膜外麻醉的产妇，有1/4的人生下的婴儿没有办法很快、很容易而顺畅地开始吸食母乳。有的母亲也觉得由于她们没有办法感觉孩子冒出头来，对生产过程感到无法控制，也缺乏成就感，因而感到被剥夺了宝贵的生产经验。硬脊膜外止痛法可能会稍微抑制母亲在生产时自然分泌催产素，影响新生儿出生后母亲的感觉。

剖宫产

在某些情况下，显然需要选择剖宫产，剖宫产也挽救了许多生命。但是医生也同意，动了剖宫产手术后，母亲和婴儿无论生病或死亡的比例都比较高。因此，我们很早就反对产妇主动选择剖宫产的方式，或在可以避免剖宫产的情况下进行剖宫产。剖宫产是重大的腹部手术，非常痛苦，需要一个月以上的时间才能康复。如果母亲原本计划小孩一出生就亲自照顾婴儿，这影响就会更大。

会阴切开术

最后，准妈妈和产科医生需要讨论的是会阴切开术的问题。会阴切开术会带来极大的不适，因此母亲在婴儿出生的头几天将没有办法好好照顾他。克莱恩等人针对许多妇女所做的研究表明，会阴切开术将对外阴开口造成更大的裂伤，拉长产妇感觉不适的时间，也需要更长的时间才能复原，但自然产生的会阴小伤口通常很快就会自然痊愈。在某些情况下，会阴切开术可能导致产妇生产完几个星期都行动不便。其替代方式是采取小心控制的头产方式。在会阴部垫上温湿布，再加上润滑油的帮助，产妇不会感到什么痛苦。这样一来，产道黏膜表面通常只有小小的伤口，只需要缝几针就好了。这样的小伤口在产后不会为母亲带来什么困扰，很快就会自然

愈合。

由于现在产妇住院的时间通常很短，剖宫产和会阴切开术所造成的相关问题也就更严重了。当母亲产后回到家中，必须自己处理相关的问题，而另一半也才刚当上爸爸，这时候会阴切开术造成的疼痛以及剖宫产的疼痛和其他一系列腹部手术后的反应，会让她更加觉得软弱无助，无所适从。

情绪上的支持

我们深信，要减少生产过程中发生的问题和医疗介入，其中一个办法就是产妇或准父母必须在情绪上得到完全和持续的支持。如果助产士或医疗人员无法提供情绪上的支持，那么准父母可以在怀孕最后几个月自行聘请陪产士，拟定自己的生产计划，在分娩和生产过程中，陪产士可以随时在身边提供必要的协助。能够持续获得情绪支持的另外一个好处是让产妇知道她身为一个人、一个母亲和未来的婴儿照护者的价值。无论她会经历什么样的生产过程，当她感觉到自己受到充分肯定时，她对自己的能力也会保持坚定的信心，而且一生都满怀自信。

许多不同来源的证据都显示，母亲在分娩过程中获得的情绪和生理上的支持会影响她如何看待自己，她开始自行照顾婴儿时的感觉也会受到影响。任何有生产经验的照护者，无论是护士、助产士或陪产士，都可以提供我们所描述的这种支持和协助。

陪产士的主要工作是为产妇营造一种"支持"的环境，因此准妈妈无论在情绪上或生理上都能持续获得充分的协助，不会受到任何干扰。这种安全感能够激发产妇的内在力量，挑战能力的极限，发掘出自己过去不知道的潜能，由于能自由发挥真正的自我，因而能产生创造和自主的感觉。我曾经看过一本书引用一位新手妈妈告诉陪产士的话："由于你一直陪伴我，全力支持我，同时又完全信任我，因此让我觉得自己坚强得足以应付生命中的任何状况。"

当一个女人准备好要经历分娩、生产和为人母等重大人生转折时，她通常会变得既依赖而又开放。她需要让自己的身体自由发挥本能的反应，去做身体想做的事，于是这里就出现了一个现象：分娩中的妇女需要获得充分的支持才能完全放手，让生理系统顺应生产过程中的自然力量，并有所回应。这种混合的需求不但令母亲困惑不已，其他人也觉得难以理解。

在某些情况下，持续不断的情感支持能产生更好的疗效。女人在生产过程中会回溯自己的出生经验，回归自己最脆弱的本质。如果她幼年未曾获得充足的母爱，没有受到母亲适当的照顾，那么她在这段独特过程中得到的支持与照顾或许会让这位即将为人母者"重新获得母爱和照顾"，帮助她疗伤止痛，平复幼年经验造成的伤害。但是照护者必须具备特殊技巧和敏锐的洞察力，才能发挥这样的疗效。照护者必须能够轻松自在地敞开心胸，不怕去爱人，她还要有办法打开产妇的心房，了解她的需求、心情以及她所经历的改变和隐藏在内心的感觉，并且有所反应。同时，她必须在过程中保持灵活性，一方面能因应每位母亲不同的需求；另一方面又不试图掌控一切，扼杀母亲的自主权。实际上，照护者等于在扮演"母亲的母亲"，因此她必须能包容一切，不妄自评判，这种完全接纳的态度将影响母亲和小宝宝之间的关系。

所有的父母在分娩过程中都很需要情绪上的支持与协助，而且他们也可以为彼此提供大力支持。在新生命诞生的亲密经验中，新

生儿的母亲必须感受到父亲的关怀、爱意，彼此分享这段经验和感觉。父亲则强烈渴望能够帮忙和参与，觉得自己有用而重要，知道另一半很需要他。但是当两个人之间建立了如此紧密的情感联系和长久关系后，他们就很难保持客观冷静，对另一半的不舒服、恐惧和危险也很难淡然处之。在大多数情况下，父亲虽然没有明说，却都忐忑不安：一切都会很顺利吗？他们多半对生产过程没有什么经验。

正因为如此，每一位产妇不但需要另一半的陪伴，同时也需要一位经验丰富的照护者，能够冷静熟练地协助她应付分娩的过程。如果有这样一位照护者随时在场帮忙，准父母就仿佛吃下了定心丸一样。照护者所提供的支持和亲人的支持不一样，两者的功效可以互补。无论是助产士、护士或陪产士都可以帮忙引导产妇如何保持放松，舒服地在家里等待，直到分娩阵痛真的开始才到医院。她们可以安抚准妈妈，让她觉得自己将具备充分的能力和自信做自己的主人。到了医院以后，她们也可以协助父亲或其他帮忙的亲友放松心情，不要那么焦虑，为没有陪产经验的亲人起示范作用。

准父母常常会担心外来的帮手可能会掌控整个分娩过程。但是真正有经验的陪产士、助产士或护士会静静地安抚产妇，帮助她们发挥天赋的能力。他们很清楚对任何一对夫妇而言，这都是终身难忘的回忆。同时，他们也会鼓励准爸爸，指导他在生产过程中如何协助妻子。如果准妈妈不那么担心应该怎么做，而且准父母都能放松心情，信任陪产士，那么准妈妈就能从丈夫那儿获得更稳定的情感支持。

产妇的情绪变幻莫测，没有经验的准爸爸或陪伴的亲友可能因此惶恐不安，反而令产妇更加恐慌。有一位陪产士告诉我们："如果你把产妇一个人丢在房里，即使只有五分钟，她都会变得很忧伤，开始恐慌、失控，你回来后，可能要花半个小时来安抚她。"

即使相信太太的分娩过程很顺利，有经验的准爸爸仍然可能有潜在的需求和恐惧。有一位准备迎接第二胎的父亲认为太太的分娩过程很顺利，因此他舍不得放弃精彩的足球赛转播，把收音机带进产房。后来这位产妇表示她深深感到被他抛弃，但又无法告诉丈夫自己的感觉，因为"她应该已经知道该怎么做了"。生第一胎的时候，丈夫一直陪伴在旁，充分参与。回溯这段经验时，她才想起来，生第一胎的时候有一位产科护士一直待在旁边帮忙，但是生第二胎的时候，没有医护人员在旁边陪伴她与丈夫。"他们可能认为我们自己就能应付状况——我们确实也能自己应付。但我后来好几个星期都一直感到很沮丧。"另外一位产妇则找来一位朋友当她的"生产指导"。这位朋友掌控了整个分娩过程，深信自己帮了最大的忙。这位母亲后来透露，她其实想要不同的分娩方式，但是又担心伤了朋友的感情。在这种情况下，陪产士或其他受过训练的生产助理或许能帮助产妇安排不同的分娩方式：他们会鼓励产妇明白表达自己的愿望，并且想办法纳入朋友的想法，让她也帮得上忙。

我们在《像母亲般照顾母亲》这本书中指出，这种情绪上的持续支持对生产有很大的好处。从七次随机挑选的实验中，我们发现有陪产士在场协助时，能减少剖宫产的比例50%、分娩时间25%、催产素使用40%、止痛药使用30%，并且减少40%使用镊子的几率和60%采取硬脊膜外止痛法的要求。

我们通常都假定助产士、产科护士或陪产士都是女人，因为这样有许多好处。同性在场的时候，产妇比较不会觉得害羞，身体也比较容易发挥私密的功能。除此之外，在我们的文化中，温柔、安

静、敏感、善于照顾人的母性特质传统上也比较容易在女人身上找到。

等到小孩真的要出生时，就由医护人员处理一切。陪产士仍然和婴儿的父亲一起陪伴在产妇身旁，而护士、助产士或产科医生则协助产妇把小孩生出来。接下来就是每位参与者向这位父母道贺。

理想上，生完小孩之后的第二天，陪产士或护士会拜访这家人，问他们对生产经验留下了什么样的回忆，同时看看他们有没有任何问题或忧虑。很重要的是，新生儿的父母应该讨论这段生产经验，分享好的感觉和不好的感觉。重述一遍生产的故事能帮助他们了解分娩过程中发生了什么事。借着这个机会，通过描述母亲在生产过程中表现出来的坚强，以及她的身体遵循古老生物机制的方式，母亲的自我形象可以提升。如果母亲出现并发症的话，其他参与者可以协助她整合重建这段经验。

示范如何当个好妈妈

我们之所以深入探讨女人生命中这段短暂但深具意义的历程，是因为女人在分娩过程中受到的照顾似乎会严重影响她日后当妈妈的态度、感觉，以及对家人、自己和婴儿的反应。有一项研究在母亲刚生产完和产后六个星期分别访问分娩过程中有陪产士陪伴和没有陪产士协助的妈妈。结果显示，有陪产士相伴的妈妈自尊心比较强，相信自己能顺利度过分娩过程，而且觉得整个过程比她们想象中容易。在婴儿出生后二十四小时，有陪产士协助的妈妈较少像没有陪产士协助的妇女那么焦虑。产后六个星期时，分娩时有陪产士相伴的妈妈也较少忧郁。除此之外，有陪产士协助的妈妈产后喂母乳而不必补充牛奶，并根据婴儿的需求来喂奶的比例也比较高，同时她们喂母乳的时间也比较长。

我们在危地马拉进行的第一个陪产士研究中就看到了这样的迹象。我们透过只能单向观看的玻璃，观察两组危地马拉的母亲在离开产房后二十五分钟内与新生儿互动的状况。有陪产士协助的母亲和婴儿的互动比较亲切温暖，她们会微笑、说话和轻拍小婴儿。她们不但改变了自我观感，而且也开始用不同的眼光看待小婴儿。另外一项研究则显示，分娩时有陪产士协助的妈妈平均花2.9天和新生儿建立关系，而没有陪产士协助的妈妈则平均花了9.8天。由于这种依恋和关爱的感觉，相比之下，有陪产士协助的妈妈一般不愿意把小孩单独留下，听到婴儿的哭声，她们也常把孩子抱起来。

在同一项研究中，分娩时有陪产士协助的妈妈对婴儿特点的各项描述都会抱持比较正面的态度。这群妈妈有比较高的比例认为小孩不但美丽、聪明、健康、很容易带，而且不像其他婴儿那么爱哭。事实上，她们相信自己的孩子比一般孩子"好"，而另外那群不曾获得陪产士协助的妈妈则认为自己的孩子和一般孩子比起来只是"差不多一样好"或"没有那么好"。和控制组比起来，有陪产士协助的妈妈也认为自己和孩子比较亲近，认为自己把孩子带得不错，而且和孩子有比较好的沟通。她们之中也有较高比例的妈妈很高兴生下这个孩子，觉得当妈妈比想象中容易，觉得自己可以把孩子带得比其他人都好。反之，另外一组妈妈觉得自己很不容易适应为人母的角色，觉得其他人会把孩子照顾得和她们一样好。

生产时产妇从陪产士那儿得到的情绪支持还包含了一个最重要的层面——陪产士等于在给父母树立榜样，示范如何做个冷静、包容、照顾和支持的父母。事实上，母亲的角色也需要学习的榜样，

2

从分娩开始到婴儿出生

每一代都从上一代被照顾的经验中获益。

有一位生下一对双胞胎已经三个月的母亲最近告诉我，分娩过程中陪产士对她的照顾如何影响到她对婴儿的照顾。当她的分娩过程不顺利时，陪产士一直保持冷静，充满爱心。现在每当双胞胎闹情绪的时候，这位妈妈也会保持冷静，这是她从陪产士身上学到的。她说："我开始明白，我生小孩的时候，她对待我的态度，就成了现在我对待小孩的态度，我不会急躁地尝试许多不同的方法。因为我很冷静，所以孩子也能够安静下来。如果是在过去，我会太过焦虑，反而解决不了问题。就好像传染性的冷静态度取代了传染性的焦虑态度。"

我们希望有更多的研究支持这种做法。我们相信，对每一位分娩中的产妇而言，情绪上的支持都是基本要素。它不但能促进产妇的身心健康，同时也能加强亲子和夫妻之间特殊而紧密的关系。

3

刚出生的小宝宝
具有哪些能力？

人与人之间会建立起心连心的紧密关系。要充分了解刚出生的婴儿及他们的父母之间可能出现的情况，我们不只要描绘父母的经验，同时也应该说明婴儿在刚出生的头几分钟、头几个小时和头几天所展现的灵敏反应和惊人能力。

我们开始了解新生儿，主要得归功于两位极富耐心的观察家普瑞托和沃尔夫所做的研究。他们不分昼夜、毫不间断地长时间记录了新生儿清醒和睡眠时的每个动作。结果他们发现婴儿的正常行为可以分为六种不同的意识状态。这六种不同的状态依照他们清醒或睡眠的程度而定，每一种状态都有其特殊的行为。

如果你密切观察自己的小婴儿，你很快就可以分辨这六种状态：两个睡眠状态——安静的睡眠状态和活跃的睡眠状态；三个清醒状态——安静而警醒、活跃而警醒以及啼哭；最后一种状态——

昏昏欲睡，介于睡眠和清醒之间。

意识进入安静而警醒的状态是婴儿刚出生的反应之一，他们在这种状态中几乎动也不动，就和朋友专心听我们说话时的情况十分相似。新生儿的身体和手臂紧靠父母的身体，小手触碰父母的肌肤，眼睛直视父亲或母亲。在这种状态中的新生儿通常睁大眼睛，双目炯炯有神，这时候逗他们玩儿特别有趣。他们的眼睛会注视红色的球或想看的图片，甚至模仿母亲的脸部表情。

正常的婴儿在刚出生的头几个小时，都会有一段安静而警醒的时间，平均四十分钟左右。在这段时间，他们会直视爸爸或妈妈的脸部和眼睛，而且对声音有反应，仿佛新生儿曾经预演过与父母初次见面的理想方式（事实上，婴儿早在出生前就已经展开了睡眠和清醒交替的各种状态）。在安静而警醒的状态中，婴儿的动作很少，所有的精力似乎都集中在听、看和反应上。

出生后第一个星期，正常的婴儿在一天二十四小时中，会有十分之一的时间处在这种兴奋而敏锐的状态中。新生儿在这种清醒敏锐的状态中可以充分熟悉周遭的一切，并且对环境有所反应，也学习适应。当你的婴儿处于这种状态时，你可以看到婴儿在探索这个世界时自然流露的好奇心。

了解新生儿的神秘世界

婴儿在活跃的警醒状态中则显得非常不同。他们会不停地动来动去，并且发出一些声音，眼睛也不停打量着房间。当婴儿准备吃东西或烦躁不安的时候，就会出现这种状态。观察显示，尽管婴儿不会持续动来动去，他们的动作却有某种特殊节奏。大约每隔一两分钟，婴儿的手臂、双腿、身体或脸部就会动一动，这些动作或许是为了适应性的目的。有的科学家认为这些动作是在告诉父母亲他有什么需求。有的科学家则认为，这些动作十分逗趣，可以促进婴儿与父母之间情感的自然交流。在母亲怀孕后期，如果在母亲腹部装一部敏感的监测器，也可以侦测到这种突然迸发的一连串胎动。

当婴儿逐渐清醒或即将进入梦乡时，通常就会陷入半睡半醒、昏昏欲睡的状态。他们可能动来动去，有时微笑、皱眉或嘟嘴。他们的眼睛呆滞无神，目光涣散，眼皮沉重。但就在闭起眼睛之前，他们的眼球会往上翻动。

在安静的睡眠状态中，婴儿的脸部放松，眼皮紧闭，身体除了偶尔惊跳一下或嘴巴微微晃动，多数时间他们都动也不动。在这种状态中，婴儿充分休息，呼吸规律均匀，就好像每一次呼吸都吸入等量的空气一样。

在活跃的睡眠状态中，婴儿的眼睛通常都闭着，但是眼皮会偶尔闪动。你可以察觉婴儿的眼球在眼皮下动来动去。所谓"快速眼睛运动"的现象，就是在这种不稳定的睡眠状态中观察到的。你曾注意到在这种活跃的睡眠状态中，婴儿身体的活动程度从挥动四肢到晃动整个身体都有可能。他们的呼吸并不规律，而且也比在安静睡眠状态时的呼吸更急促些。尽管仍然在睡眠状态中，婴儿脸上却会出现滑稽的表情——挤眉弄眼、微笑等，甚至可能出现咀嚼和吸吮的动作。小宝宝醒来之前，通常都处于这种活跃的睡眠状态中。成人往往在做梦时出现快速眼睛运动。至于婴儿处于这种特殊状态时是否也在做梦，就不得而知了。

婴儿刚出生时，绝大部分的时间都在睡觉——睡眠可能占掉了他们90%的时间，而且通常在吃母乳时就睡着了。婴儿的睡眠时间

中有一半是处于安静的睡眠状态，另外一半则是在活跃的睡眠状态中，大约每隔三十分钟，这两种状态就会相互交替一次。

啼哭状态则通常发生在婴儿肚子饿或觉得不舒服的时候，显然这是婴儿的一种沟通方式。大多数母亲都知道只要把婴儿抱起来，安抚他们，让他们趴在母亲肩上，哭声就会戛然而止。当妈妈把啼哭的婴儿抱起来的时候，她们不但让孩子保持安静而警醒的状态，同时也让他们有机会端详周遭的一切。

父母如果能分辨这几种意识状态，了解什么时候会出现哪一种状态，同时在每一种状态中可以预期会出现哪一种反应，那么他们不但会更了解自己的小宝宝，同时也能更敏感地满足孩子的需求。例如，当婴儿在活跃的睡眠状态中轻声啜泣或扭动身体时，如果父母知道睡眠状态每隔半小时交替时就会出现这种情况，他们自然不会急着喂奶或者替小孩换尿布，除非这种轻微的动作逐渐变为清醒或啼哭的状态。

一旦我们了解并能分辨这六种新生儿的行为形态，新生儿的神秘世界就开始变得比较容易理解了。

婴儿的感官能力

视觉

妈妈们早就晓得，小宝宝出生不久就看得见，能在视觉上对她们有所反应。有一段时间医生不愿意相信妈妈们的话。不过，在三四十年前，研究人员发现，妈妈们的观察才是对的。研究人员注意到，当新生儿处于安静警醒的状态时，如果拿照片给他们看，婴儿会注视着照片，甚至有时候眼睛紧盯着照片不放。研究人员可以在新生儿的瞳孔表面观察到照片的影像。

通过这个方法，研究人员了解到婴儿会表现出对图像，甚至对抽象形态的偏好：他们特别对鲜明的轮廓和明暗对比有兴趣。如果婴儿看到对比鲜明的图形，他们会盯着图形细看，仿佛想给视网膜最大的刺激。他们的双眼注视图形的方向，他们不但看着图形，而且眼睛张大，双眼为之"一亮"，过于专心以至于停止吸奶。小宝宝也能辨认颜色，尤其容易被人的脸孔所吸引。

婴儿主要是在安静警醒的状态中展现出看东西和专心注视物体的能力，如果不是很敏锐的观察者，可能就会对这个线索视而不见。过去我们之所以一直没有发现新生儿的视觉能力，另外一个原因和婴儿刚出生时是近视眼有关，因为婴儿的视力起初还无法适应远距离。新生儿看得最清楚的距离是离脸部二十到二十五厘米。有趣的是，婴儿在吃母乳时看到的母亲的脸部，正是差不多这个距离。如果物体移得太近或是太远，就会失焦，婴儿只看到一片模糊的影像。如果父母希望测试婴儿集中目光和跟随物体移动的能力，他们应该让物体保持在距离婴儿脸部二十到二十五厘米的距离内，在开始慢慢移动物体之前，必须先确定婴儿已经集中注意力直视着这件物体。

当婴儿注意到移动的物体后，他们很容易盯着物体看，视线随着物体移动，有时候连头也跟着转动。如果离他们二十五厘米的地方有一个红色的球缓缓移动，他们起初会用眼睛盯着球看，然后水平地跟着转动头部，有时候会把头上下转动。最初婴儿的注意力会很集中，但是几分钟后，他们就逐渐失去兴趣。他们可能会把头转开，有时候则变得昏昏欲睡，或干脆睡着了，或只是不再注意他们已经不感兴趣的影像。

研究人员发现，新生儿通常看到的是形体的外部轮廓，而不去注意内部细节。同样的，当小宝宝看着其他人的脸孔时，他们通常稍微看一下脸部轮廓，就把注意力放在眼睛和嘴巴上。眼睛尤其能吸引他们的注意。婴儿的视觉反应非常活泼。婴儿在警醒状态中会自然地环顾四周。他们甚至能辨识深度，对于逐渐逼近的物体可出现防卫性的反应。婴儿喜欢复杂、多样和移动的物体，而且他们有视觉记忆。

新生儿也有能力处理视觉资讯，记住他们看过的影像，并且运用这些资讯。如果让婴儿长时间看同一张照片，他们会减少注视的时间，仿佛厌倦了这张照片。但是，如果给他们看一张不同的新照片，他们又会表现出新的兴趣。这种反应叫做"对新奇的反应"，可能表示婴儿很早就有能力记住他们看过的图像。目前的证据显示，新生儿已经懂得辨认自己的母亲，而且能记住母亲的脸孔。婴儿的视觉和记忆能力显示，他们在视觉上的才能不只奠基于反射性的眼球运动，而且也建立在高度发达的脑部功能上。

在安静警醒状态中的婴儿眼睛大而明亮，通常不再动来动去或吸吮东西，变得非常沉静。婴儿出生后不久，就会出现这种短暂的全神贯注的状况。新生儿开始和大人有直接的视线接触，这是人类互动时的关键要素。

在亲子相互的凝视中，父母和孩子展开了人生中的首度对话，不由自主地开始沟通。

听觉

婴儿出生前几个月，听力已经发展得很好了。他们一出生就可以区别不同形态的声音（例如嗡嗡声和铃声），也能分辨声音的大小高低，以及不同的声音、熟悉和不熟悉的声音。他们甚至晓得声音是从哪个方向传来的。

听到铃声时，婴儿会先转动眼珠，然后把头转向发出声音的方向。把头转向发出声音的方向是人类不假思索就会出现的自然反应，新生儿一出生就有这样的反应。当声音从右边传来时，他们会往右看；当声音从左边传来时，他们会往左看。这种注意声音来源的能力或许表示婴儿努力想要听得更清楚，这种眼睛和耳朵的反应也可能是人类感官内在协调机制的一部分，是一种适应性反应，确保人类能充分体察到环境中的一切变化。

婴儿对其他人的声音反应较强。当婴儿安静警醒时，父母可以试着逗他玩，在他的一边耳朵旁高声说话。父母首先注意到的可能是婴儿的眼睛朝着发出声音的方向注视，然后几乎同时把头也转过来，他容光焕发，眼睛张得更大。如果父母一面和婴儿说话，一面注视着他，就更加能吸引小宝宝的注意力。新生儿喜欢尖锐的高音，在许多地方，小宝宝一出生，父母似乎就本能地用高音和他们说话。在一系列研究中，美国北卡罗来纳大学的心理学家迪卡思普发现，新生儿比较喜欢听女人的声音，而不是男人的声音。新生儿喜欢母亲的声音甚于其他女人的声音，但是婴儿刚出生时，并非喜欢父亲的声音甚于其他男人的声音。他们要稍微晚一点才懂得辨认父亲的声音。新生儿对母亲声音的偏好可能是因为还是胎儿时不断在母亲腹中听到这个声音。婴儿也曾记得母亲怀孕后期他们在母亲腹中听到的故事和音乐。

触觉

皮肤是人体器官中最大的感觉器官。婴儿很早就会产生触觉，这是由于胎儿从生命初始，在母亲子宫内就一直为温暖的液体和组织所包围。他们很喜欢这种亲密、温暖而能触摸的舒适感。他们喜欢被父母搂抱，依偎在父母怀中。全世界的父母都会自然而然把小宝宝举高、拥抱、拍打，轻摇小宝宝，抱着孩子走来走去，用其他接触动作来安抚小宝宝。无论父母或婴儿似乎都准备好好享受这种经验。

婴儿对碰触也很有反应，对于不同的温度、质感、湿度、压力和疼痛程度反应灵敏。他们嘴角和手上的触觉感受器最多，或许这是为什么新生儿很爱吸手指头的原因。超音波影像显示，早在母亲怀胎二十四周时，胎儿已经开始吸大拇指。触觉是小宝宝安抚自己、探索世界和展开与外界接触的主要方式。

味觉

和其他感觉器官一样，婴儿一出生，味觉就已经发展得很好了。观察新生儿选择吸食的东西，会发现婴儿可以用舌头分辨食物中细微的化学差异，并且有所反应。当甜味增加时，婴儿显得很高兴，当饮料变得比较咸、酸或苦时，他们显得不太高兴。

嗅觉

小婴儿可以分辨不同的气味。他们通常在第一次嗅到新气味时会有反应，然后很快就适应了，不再对熟悉的气味有什么反应。当嗅到了新气味时，他们会转头过去，表现出兴趣，活动程度或心跳速度都会有所改变。到了六天大的时候，婴儿甚至都可以辨认出妈妈的气味。

新生儿这种不可思议的灵敏嗅觉,帮助他与家人和外界互动。小婴儿一出生,就已经做好充分准备,能够凝视父母,依偎在父母怀里,倾听父母的声音,同时享受让妈妈喂奶的乐趣。

3

刚出生的小宝宝具有哪些能力?

4

一个家庭的诞生：
最初的几分钟和几小时

　　"是女孩子！""是男孩子！"初次为人父母者听到这句话往往激动不已，大感欣慰而热泪盈眶。在婴儿呱呱坠地的头几分钟，父母身上会发生难以言喻、威力强大的变化，而且当时的情况烙印在脑海中，永生难忘。当婴儿身体干爽了，适应了外面的世界，妈妈也完成了生产的最后阶段（胎盘排出，伤口缝合完毕，回到床上休息），父母和小宝宝开始认识彼此。当一家人在一起时，妈妈和小宝宝的身心和情绪都起了戏剧性的变化。我们针对新生儿来到世上的最初几分钟所做的研究，再加上其他研究人员的努力，已经可以逐渐描绘出婴儿刚出生头几个小时发生的状况。

　　了解个中奥秘的重要线索之一，就是观察刚生产完的母亲，以及阅读母亲初次拥抱、触碰和审视小宝宝后留下的记录。一旦妈妈有机会和婴儿单独相处，她们通常都会注视着婴儿的眼睛，仿佛告

诉他："睁开眼睛，看看我。"婴儿似乎也对父母很有兴趣。我们在前一章讨论到，大多数婴儿在生命最初的四十五分钟内，都处于安静而警醒的状态。当房间里光线不是太亮的时候，可以看到他们张大双眼，炯炯有神。新生儿似乎特别懂得和父母打招呼，他们能在许多层次上和父母互动。从运用照片进行的研究中可以发现，婴儿脸部的特殊比例——宽阔的前额，饱满、圆鼓鼓的两颊，以及明亮的双眼，十分吸引成年人。

以下这个简短的例子是我们的亲身经验，充分显示了新生儿在刚出生的警醒状态中所具备的非凡能力。刚出生半小时的女婴躺在母亲怀里，注视着母亲的脸。十五分钟后，母亲戴上眼镜，想要更仔细地端详小宝宝。女婴注视着母亲，脸上出现奇怪的表情，显然婴儿试图弄清楚妈妈的新相貌。母亲注意到女婴的表情感到十分惊喜，于是把眼镜拿掉，女婴的脸部表情立刻显得轻松许多。从这个例子里，我们看到刚出生一小时的新生儿至少具备三种杰出的能力——注视的能力、记忆的能力和注意到改变的能力。

在另外一个例子里，刚出生的男婴还在产房里就和父母有了一段安静而密切的共处时间。他们彼此凝视，小宝宝安详地躺在妈妈的臂弯里。护士走过来和善地说："好，现在把鲍比交给我一会儿，我要帮他量体重。"然而一离开妈妈的臂弯，小宝宝立刻哀怨地号啕大哭，每个人都感到很惊讶，因为他之前一直非常安静。另外一位护士提议："何不让鲍比回到妈妈的怀抱中，他好像很清楚其中的差别，也许你待会儿再帮他量体重就好了。"回到母亲臂弯里以后，小宝宝立刻安静下来，显得很满足，再度注视着妈妈的脸孔。有个人说："他好像知道妈妈和其他人的差别，我再试试看。"他们又重复了一次同样的动作，小宝宝又哭了起来，然后把他交还给妈妈，他又安静下来。产房里的医生和护士一致同意让妈妈抱着他。一位护士表示："他很清楚地告诉我们，他待在哪里最快乐。不要再试了。"这个研究证实了婴儿刚出生的头几分钟，如果和妈妈分离会产生什么反应。

　　接下来看第三个例子。这个家庭中的爸爸是位歌剧演唱家，妻子怀孕期间，他经常唱咏叹调给即将出生的孩子听。婴儿诞生时，他又开始唱这首他几个月来一直唱个不停的咏叹调，欢迎小宝宝来到这个世界。小宝宝出生时，她慢慢把头转向父亲，凝视父亲，听他的声音。不管在小宝宝刚出生的这段时间周遭发生了什么事情，她始终保持安静，专心而且十分感兴趣地注视着父亲，听他的声音。当她出生一小时左右，父亲再度对着她唱歌时，她把头转向父亲，跟着发出"啊——啊——啊——"的声音。后来，我们持续追踪这个小女孩一段时间，发现三个星期大的时候，这个还躺在摇篮中的女婴听到父母在另外一个房间练歌，就试图唱出不同高低的音阶。虽然许多研究都显示，婴儿在出生后不久就能辨认妈妈的声音，但是却没有显示他们这么早就能辨认父亲的声音。显然，这是个特殊案例，原因是这个小宝宝有许多异于常人的音乐接触经验。

　　这三个例子显示新生儿已经具备某些能力，能够吸引父母的注意。当父母没有机会拥有这类体验时，亲子关系的起点就会非常不同。有一位初次当妈妈的产妇在分娩过程中只想要丈夫陪伴在身边，但是她却始终说不出口，无法拒绝其他几位亲人的陪伴。后来，她经过紧急剖宫手术才生下小孩。婴儿一出生，所有的人都挤在旁边，检视新生儿，热心的亲戚让这对新手父母简直快受不了了。辛西娅没有办法要求大家离开，让她和先生、孩子独处。等到婴儿被抱到育婴室以后，她才终于有机会和婴儿独处。这时候，辛西娅觉得婴儿很陌生，她因此感到非常沮丧。她一点都不觉得和这个孩子很亲，反而觉得困惑而悲伤，因为小宝宝似乎像个陌生人一样。

虽然在小宝宝出生后头一年，辛西娅一直努力建立良好的亲子关系，当个好妈妈，但是她仍然时时感到悲伤，因为这种陌生感久久未曾消散。到了孩子周岁生日的那段时间，她有机会详细描述了整个过程，才体会到自己其实非常气愤这群好心亲戚的干扰，因此不知不觉把压抑在心底的怒气转移到小宝宝身上。当她在心理治疗过程中表达出愈来愈多的愤怒时，怒气也随之烟消云散，她逐渐可以从不同的角度来看待自己的孩子了。

通常类似的反应都以比较温和的方式呈现出来，而且往往在婴儿出生后几天问题就解决了。分娩过程中参与的亲友太多，通常都会令准父母十分困扰，同时会干扰准父母迎接新生命的自然心理过程。多年来，我们在工作中一直努力教育产科的照护者，让他们了解准父母和新生儿的心理是多么敏感。生产过程及婴儿刚出生时的任何干扰都可能导致严重的后果。

亲子之爱何时产生？

尽管婴儿刚出生的头几分钟非常重要，父母却不见得会立刻爱上自己的孩子。自从我们讨论这个主题的第一本书出版以后，许多母亲都和我们分享了亲身经验，当她们在婴儿刚出生的头几分钟和头几个小时，没有立即感觉到爱上了小宝宝的时候，十分沮丧和失望。尽管我们说明了各种不同的情况，她们仍然把我们的研究结果解释为：亲子之间立即产生紧密的情感联系是举世共通的现象。

我们早期的研究也引用了其他学者的研究成果，说明这样的迷思根本不存在。例如，英国小儿科医生麦克法兰和同事在牛津访问了九十七位母亲，问她们："你第一次感觉到对小宝宝的爱，是什么时候？"她们中回答"怀孕期间"的人有41%；回答"婴儿刚出生时"的有24%；回答"出生第一周"的有27%；回答"一周以后"的有8%。最近的研究也得出同样的结果。

早期针对两组生第一胎的妇女所做的研究显示，其中有40%的人还记得，当她们第一次把小宝宝抱在怀里时，她们最主要的情绪反应其实十分冷淡。在针对四十位生第二胎的妇女所做的研究中，其中25%的人有同样的反应。两组中都有四成的妇女表示，她们立即感觉到对孩子的爱。大多数母亲都在婴儿出生后第一个星期才逐渐爱上了小宝宝。通常如果生产时采取人工破水，产妇经历了长时间的阵痛，而且分娩过程十分痛苦，或产妇接受了大量的止痛药物注射，那么婴儿出生后母亲可能会比较晚才产生母爱。许多研究报告都显示，父亲和母亲都注意到，一旦他们有时间和婴儿私下安静地相处，对孩子的独特感情就会油然而生。每位父母都以不同的步调、不同的方式来迎接新生命。

最近，在照顾正常新生儿方面有丰富经验的一位妇女告诉我们她生第一胎的经验。住院期间，医院让母亲和婴儿在一起。婴儿出生后，她仔细检查新生儿，发现他可以轻松地呼吸，看起来也很健康正常，皮肤呈粉红色。她开始喂母乳，照顾小宝宝，但是她不觉得自己对新生儿充满热情。一直到婴儿出生三十六小时以后，晚间她和小宝宝单独在一起。她形容说，当她注视着小宝宝的眼睛时，感到全身笼罩在温暖的光环中。这时候，她突然明白，她的孩子是全世界最完美、最棒、反应最灵敏的小宝宝。她体会到一种不可思

议的母爱。

这是怎么发生的呢？究竟哪些因素会影响父母到底是很早就感觉到对孩子的爱还是比较晚才有这种感觉？以下例子展示了不同的经验：作者之一有一位病人由于工作上的要求，计划少休一个月产假，只休两个月产假。由于她必须在婴儿出生后较快回到工作岗位上，所以她对于是否应该开始喂母乳一直觉得很犹豫。她的分娩过程进行得很慢，因此医生为她进行硬脊膜外麻醉，帮助她减轻使用催产素而产生的剧痛。她的丈夫非常焦虑，当麻醉药开始发生作用，婴儿的心跳速率下降时，他更加担心。

婴儿出生后，做母亲的已经筋疲力尽，尽管小儿科医生说孩子很正常，她的丈夫仍然忧心忡忡。这家医院的做法是，婴儿一出生就先放进保温箱中，然后护士才帮婴儿擦干身体，量体重，并且短暂地检查一番。然后妈妈可以和婴儿共处一小段时间，但是她觉得很累，所以喂奶以外的时间都把婴儿交给护士照顾。

在出院之前，小儿科医生和这位母亲讨论了喂母乳的好处，劝她即使只喂母乳一个月都好。这时候，这位母亲提到了她真正担忧的问题——和小宝宝建立感情后，又得离开他，回公司全职工作，这令她感到很沮丧。小儿科医生和夫妇两人谈过之后，这位妈妈理清自己的感觉，并为目前面临的两难困境好好哭了一场。她的先生第二天打电话给医生，说明他们俩都深深爱上了小宝宝，尽管可能会碰到很多困难，妻子已经决定喂母乳。于是，这位母亲持续喂了六个半月的母乳，上班时就用吸奶器辅助。只要有足够的时间，而且得到充分的支持与肯定，她就有办法自行消除内心的冲突，和孩子建立深厚而持久的情感联系。

在怀孕期间，如果不能解决情绪问题，或把问题摊开来说清楚，通常在孩子出生后，问题又会再度浮现。婴儿出生后，亲子之间复杂的互动关系会逐渐展开，每一对父母碰到的情况都不同，完全要视他们的背景、经验和目前的人生处境而定。

有的父亲在妻子怀孕过程中对妻子漠不关心，在孩子出生的那一刹那却涌现出强烈的情感。当他们体会到自己对小婴儿的强烈父爱时，对自己的思想和情感都感到不可思议。

有时候，已经为迎接小宝宝做好充分准备的妈妈，生产后又会勾起自己小时候的回忆或感觉，而且唤起的回忆可能和生产前她们所意识到的大不相同。例如有一位母亲提到，当她端详小宝宝的脸，注视着小宝宝的眼睛时，她完全没有料到自己竟然会感到很悲伤。过了不久，她才提到，记得以前曾经试图想吸引母亲看看她。她还记得家人曾经告诉他，当年她出生的时候母亲罹患忧郁症，有一段时间根本不看她。当这位母亲能够把目前的经验和当年母亲与她的关系区分开来之后，她才开始享受与小宝宝相处的乐趣。

和小宝宝建立情感联系有许多不同的途径，因此初次当妈妈的人如果没有立刻对小宝宝产生强烈的母爱，也不需要感到惊讶和失望。尽管某些父母可能需要多一点时间，或有些预料之外的事情可能干扰了亲子建立情感联系的过程，但是父母仍然会感受到爱上小宝宝的美妙感觉。本章末尾的建议或许会对父母有些帮助。

早期接触的力量

正如同我们在前面几章所提到的，在母亲和婴儿初次相处的时刻，双方都贡献了丰富的内在资源。这时候照护者最重要的责任是让他们充分发挥天生的本能，不要从中干扰。

或许新生儿的一种特殊能力足以展现这种惊人天分。如果把新生儿静静地放在母亲的肚子上，他会慢慢从妈妈的腹部爬到胸部，找到乳头，开始吮吸。瑞典学者曾经描绘新生儿这种令人难以置信的能力，并提供照片证实了这种情形。

如果妈妈在分娩期间不曾注射止痛药，护士把婴儿擦干了以后，放在妈妈的肚子上，靠妈妈的体温和盖在婴儿身上的毛巾来保暖，而且在接下来七十分钟内不把小婴儿抱开的话，那么小婴儿通常会展开四阶段的动作，最后紧咬着妈妈的乳头。在最初的三十分钟内，新生儿会静静休息，不时看看母亲。从三十分钟到四十五分钟这段时间，他开始咂嘴、流口水，然后主要靠腿部的力量，一寸寸往前移动。当他抵达母亲的乳头时，他开始活泼地把头左右摆动，张大嘴巴。试了几次之后，他通常就把嘴锁定在乳晕的位置（也就是乳头旁边的褐色部分，请参照第五章）。乳头散发出来的乳香似乎能引导新生儿爬到乳房的位置。如果妈妈的右乳房用肥皂和水清洗过，婴儿会爬到左乳房，反之亦然。

研究人员观察了十六位不曾注射或服用止痛药的母亲，她们的婴儿在出生后的第一个钟头也没有被护士抱去洗澡、涂眼药等，结果其中有十五个新生儿独立完成了上述旅程，开始吸吮母亲的乳头。通过这类观察，我们开始质疑现行的做法——婴儿一出生，立刻把他们放在母亲胸前吸奶——是否适当。新的发现显示，等到新生儿从出生的压力中复原后才是开始吸吮母乳更适当的时机。这时候，婴儿或许对于开始吸奶有了更充分的准备。在一项有关在家生产的研究中，助产士兰恩观察到，刚把婴儿放在母亲乳头前面的时候，他们最初根本不想吸奶，最常看到的动作反而是舔妈妈的乳头。

有些瑞典研究人员也注意到，如果婴儿在刚出生的头一个小时嘴唇舔到妈妈的乳头，妈妈通常会比较愿意在住院期间让婴儿在她的房间待久一点，远比其他稍后才有类似经验的妈妈的意愿更强烈。许多研究也显示，如果婴儿在出生的第一个小时就有吸吮乳头的经历，后来喂母乳也会比较成功，而且母亲比较有可能选择喂母乳几个月。其他瑞典研究人员也证明当正常的婴儿擦干身体，裸体躺在妈妈胸前，身上只覆盖一条毯子时，反而比在精密的高科技保温箱中更能维持体温，或至少效果一样。保温箱却会把母亲和孩子分开。他们也发现，如果婴儿在刚出生一个半小时内，能和母亲通过肌肤相互接触，他们几乎完全不会啼哭，而包裹着毛巾、躺在摇篮中的婴儿却会号啕大哭。婴儿的爬行能力、对母亲乳头的敏感度和母亲胸膛的保温能力等特性，似乎都具有适应性。早在数百万年前，人类的生存环境比今天艰苦许多的时候，婴儿就具备了这些能力，因此才得以保住性命。许多观察者都描述，在婴儿刚出生的头几个小时，母亲还会出现另外一种特别的行为模式——一种温柔、尝试性的触碰。鲁宾观察了母亲和新生儿三天内的互动状况，他注意到随着母亲和婴儿逐渐熟识，母亲的行为也展现了循序渐进的变化。我们和同事所做的另外一项研究也显示，如果我们把裸体的新生儿放在母亲身旁几分钟或一小时，让他们独处，妈妈会开始触碰婴儿，起先用指尖轻轻触碰婴儿的四肢，然后用整个手掌温柔地抚摸、按摩小宝宝的身体和头部六到八分钟。在最初三分钟内，母亲有52%的时间都只用指尖触碰小宝宝，28%的时间用手掌抚摸。过了七到十分钟后，在我们观察的最后三分钟里，情况逐渐反转过来。指尖触碰愈来愈少，手掌抚摸占了62%的时间。

在前面提到的在家生产的研究中，兰恩观察到，妈妈总是喜欢

4

一个家庭的诞生：最初的几分钟和几小时

055

从脸部开始抚摸小宝宝的皮肤。她们通常在排出胎盘和开始第一次喂母乳之前，就用指尖轻轻抚摸小宝宝。

更新的研究则发现妈妈第一次触碰自己的孩子时，还有其他不同的方式。环境、婴儿出生后和妈妈分开的时间，以及母亲的文化背景等因素都可能导致研究中观察到母亲触碰小孩的不同方式。

瑞典一项研究对于碰触行为的先后顺序所代表的意义则提供了另一种洞察。他们观察到和婴儿毫无关系的成年人（例如医科学生）也会和父母一样，显现类似的碰触顺序。这种顺序是不是人类接触婴儿的自然过程？是生物内建的机制？还是大多数成年人经由学习，才懂得用这种方式来接近小动物？

婴儿对父母的反应、父母的天性、家庭对内和对外人际关系的长期历史、这次和过去的怀孕经验、文化习俗与价值所带来的影响，以及父母自己的成长经验等错综复杂的因素，都会影响父母对待婴儿的行为模式。其他因素，例如医护人员的态度、说法和做法，分娩期间问妈妈是否曾经有短暂时间独自一人待在产房，婴儿出生后头几天母子是否曾经分开，婴儿的脾气和健康状况等，显然也都会影响父母的行为。这些早期人生经验对于父母的态度、行为所产生的影响，可能会因为婴儿出生时和出生后头几天发生的危机而有所转变。

在这方面，威尼考特（Winnicott）对新生儿的观察非常有用：

我简直无法以言语来形容主宰这个关键时刻的巨大力量，但是我可以试着解释这期间发生的事情。最不可思议的事情发生了：已经筋疲力尽或失禁，许多方面都需要医护人员照顾的母亲，同时却能妥善地以小宝宝能够理解的方式，引领他认识这个世界。她很清楚该怎么做，不是通过训练，也不是靠小聪明，而是因为小宝宝是她生的。如果她害怕或没有亲眼看到小孩出生的样子，或只有在喂奶的时候医院才把小孩抱来给她，那么这种天生的母性就没有办法健全发展。这样是行不通的。

我们亲身经历的两段不平凡的故事说明了母婴早期接触对母亲情感联系的形成带来的巨大影响。其中一个故事发生在以色列，另外一个故事发生在阿根廷。

有一家以色列医院不小心把两个家庭的婴儿搞错了，两个妈妈分别把别人的婴儿抱回家照顾。婴儿满两周做健康检查的时候，医院发现了错误，并且设法让两个孩子回到亲生父母身边。但是，两个妈妈对出生两周来一直由自己照顾的婴儿产生了深厚的感情，不愿意放弃婴儿。然而，她们的先生则基于婴儿显现出来的脸部特征和其他家族特质而大力支持改正错误，换回自己的孩子。

阿根廷的布宜诺斯艾利斯也发生过类似的抱错婴儿事件，但是妈妈还没出院，医院就发现了这个错误。两家人都很生气，拒绝和医院人员沟通或合作。一位聪明的新生儿专家提议两位妈妈在同一个房间内和两个婴儿共度一夜。最初几个小时，两个妈妈各自抱着当初医院交给她们的婴儿，一言不发。最后，其中一位母亲说："我们还要共处二十多个小时，至少说说话吧！"当她说话时，她注意到另外一位妈妈抱在手中的婴儿转过头来看她，就在这一刻，她在婴儿脸上看到了自己母亲的外貌特征。于是她领悟到，每当一位妈妈说话时，另一位妈妈怀中的婴儿就会有所反应。两人都逐渐明白，另外一位妈妈手中所抱的婴儿觉得她的声音很熟悉，她们也逐渐在另外那个孩子脸上看到了自己家族的特征。于是，她们最后

都欢欢喜喜地接受了亲生骨肉。

多年来，许多学者研究过婴儿出生后与母亲共处一室的效应，这些研究证实了在婴儿一出生就建立亲子关系的重要性。美国杜克大学在多年前实施了母婴共处一室的做法后，愿意喂母乳的母亲增加了，产妇出院回家后焦虑不安地打电话给医生的次数则减少了。瑞典研究人员随机抽选了一些产妇，安排她们和新生儿共处一室。结果发现，相对于其他刚生产完的产妇，这些妈妈都比较有自信，觉得自己有能力照顾小孩，对于婴儿的哭声也比较敏感。最近在泰国一家医院，婴儿遭母亲遗弃的情况屡见不鲜，数目高得令人吃惊，但是采取了母婴同室和及早接触的做法后，弃婴数目就大幅减少，从每年的33%降为1%。菲律宾和哥斯达黎加的妇产科医院引进了及早开始喂母乳以及母婴同室的做法后，弃婴的数目也同样以惊人的速度下降。

这些研究报告都指出，婴儿刚出生的头几个小时和头几天所发生的事情对于母亲有极其重大的意义。

谈到母亲，威尼考特注意到，提倡早期接触还有另外一个重要的原因：

我认为，让年轻的母亲及早接触新生儿，看到孩子一切正常，她就放心了，这点很重要……年轻妈妈或许精疲力竭，第一天还没有办法开始和小宝宝交朋友，但是小孩一出生之后，当妈妈的会想立刻看看自己的孩子。这是非常自然的反应，不只是因为她渴望及早认识他，也是因为她之前一直胡思乱想，担心自己会不会生出一个怪胎，生下不是那么完美的小孩，因此急切地想看看小宝宝。人类似乎很难相信自己好得足以创造出另外一个美好的小生命。我怀疑是否有哪个母亲真的打从一开始就完全相信自己的孩子。年轻的爸爸也有同样的问题，他和妻子同样苦恼，怀疑自己或许无法创造出正常、健康的新生命。因此，婴儿出生后及早让父母认识自己的孩子是首要任务，他们看到孩子一切正常，心中的大石头才会落地。

他敏锐的观察或许从某种角度解释了几年前当医院仍然将刚出生的婴儿和母亲分开的时候，为什么当时的妈妈在生下小孩后往往会压抑这段记忆，直到过一段时间以后才会和别人谈起生产经验。当她们晓得今天的妇女可以有不同的选择，能够掌控自己的生产过程时——例如拟定生产计划、选择及早喂母乳、和婴儿住在同一个房间等，回想起自己产后头几个小时或头几天和小宝宝分开的经验，她们通常都会觉得很伤心。

敏感时期？

关于医院对产妇和新生儿的照顾，最广为研究的课题或许是婴儿出生后，究竟应该在什么时候把小宝宝交到母亲手上。研究人员往往把焦点放在一个问题上：在最初几分钟、几小时或几天的亲子接触中，是否有一段敏感时期，会改变父母日后对待婴儿的行为。许多生物学家把这个关键时刻称为"敏感时期"或"脆弱时期"。

在20世纪三四十年代，母亲通常都在生产后几个小时才看到自己的小孩，因为之前她一直因药物的作用而昏睡。一直到20世纪七八十年代，医院仍然采取这种隔离新生儿和母亲的做法。由于当时医界普遍采取这种做法，许多妇女因此相信和新生儿分开是很

"正常"的。但是许多母亲一方面觉得孩子很孤单,同时又感到惶恐困惑,不知道应该怎么做才妥当。

在早期有关敏感时期的研究中,研究的焦点在于,在婴儿刚出生的头几分钟、头几小时和头几天中,增加母亲和足月婴儿亲密接触的机会能否提高日后亲子互动的品质。必须注意的是,在第一个有关亲子早期接触的研究进行的时候,一般产妇都还需住院五天以上,而且医院也不会安排新生儿和母亲同住一个房间。婴儿出生之后六到十二小时,医院会把婴儿抱来给母亲看,以确认身份,然后就抱回育婴室,每隔四小时才抱来让母亲喂奶二十分钟。

经过详细观察后,早期的几项研究都显示,如果母亲住院时能有多一点时间和婴儿及早广泛接触,她们在生产后几天或几个星期中都会显示出更多的母爱。例如,在第一个这类研究中,研究人员在婴儿出生的头三天,让一群生第一胎的单亲妈妈足足有十六个小时的时间和婴儿相处。控制组的母亲则比较晚才有机会和孩子接触,而且每四个小时才能喂奶一次。结果和控制组相比,第一组的妈妈在喂足月的婴儿吃奶时,对婴儿更有爱心,也更加专注。当婴儿因为紧张而号啕大哭时,她们也比较会充满关爱地安抚孩子。

最有利的发现则和喂母乳有关。在九项研究中,有七项研究显示,当母亲想要喂母乳,而且医院也容许她及早和新生儿接触让新生儿有机会在出生后第一个小时就吸奶时,她将比其他没有这类经验的母亲更能成功地喂母乳,而且也较可能长时间坚持下去。结果,联合国儿童基金会把这种做法列入他们在全球推广喂母乳的十项标准照护程序中。

小儿科医生欧康诺和她的研究小组后来的观察更有意义。他们的第一组研究对象是经常碰到社会问题的一百三十四位产妇,这群妇女在婴儿出生的头两天能有十二个小时额外的亲子共处时间；控制组有一百四十三位妇女，她们和一般产妇一样，和婴儿接触的时间较有限。不过，在婴儿出生后第一个小时，两组妈妈都不能和孩子接触。结果他们发现，从这批婴儿出生到十七个月大为止，和第一组相比较，没有获得额外亲子接触时间的控制组出现了较多抚育小孩的问题，包括虐待、抛弃和忽视小孩等。

美国北卡罗来纳州也有一个类似的研究，研究对象为二百零二位母亲。研究人员发现，这些母亲出现抚育问题的频率在研究上并没有显现明显的差异：控制组（一百零五位母亲）中有十个小孩受到虐待、忽视或因此夭折，而接触新生儿时间较多的母亲（九十七位）中，则有七个小孩出问题。不过，在婴儿四个月大到一岁期间，母亲对待婴儿的方式却出现了明显的差异。因为在非控制组中，除了有更多亲子早期接触的机会之外，研究人员还向这群母亲说明新生儿所具有的能力（例如他们的视线会追随母亲的脸孔，听到母亲的声音会转头等），并协助母亲找到安抚婴儿的方法。结果，这群母亲在为三四个月大的婴儿喂奶时，与婴儿会出现更多面对面的互动。

葡萄牙一项针对六十位母亲和新生儿所做的研究也进一步证实了早期接触对母亲行为的影响。如果妈妈在婴儿出生后立即有一段时间和婴儿单独相处，那么在婴儿满月时母亲对孩子的关爱和安抚行为也会比较多。尽管关于父母和婴儿早期接触究竟对建立亲子情感联系有何影响，学界迄今还在争论研究的意义，以及应该如何诠释研究结果。不过大家都同意，所有父母都应该有机会和婴儿及早接触和相处。最近在探讨这个问题时，学者达成了以下结论：

迄今仍然没有任何证据显示，限制刚生产完的母亲和新生儿互动会带来任何好处，尽管这是医院通行的做法。相反，目前的证据显示，这类限制往往会造成反效果。根据研究数据，我们可以合理推断尤其是社会地位较低的妇女深受其害。

听起来或许令人讶异，但是在婴儿刚出生时干扰亲子间的互动，不但可能导致母亲无法成功地喂母乳，而且也会影响她们日后对待婴儿的行为。小儿科医生、心理学家和其他专业人士确实都在认真讨论这个问题。我们不能因为有人存疑就默许医院墨守成规让母亲心不甘情不愿地和新生儿分开。根据目前已有的证据，这类政策可能真的会伤害亲子关系，医院应该要修改它们的做法。

无论是研究的发现还是我们的临床经验都明显指出，在许多妇产科医院中，如果产妇接受的是例行的生产照护方式，当孩子出世后她们只看一眼就得和小婴儿分开。她们很可能根本无法确定自己的孩子是否健康，甚至不确定他们是否能正常呼吸，也无法体验看到小宝宝反应灵敏时那种满足感，她可能感到孤单、空虚，有深深的被剥夺感，同时又担心宝宝会不会有什么问题。此外，第二章提到的有关陪产士的研究也显示，在分娩过程中，妈妈如果有同伴协助，她们在婴儿出生后头一个小时会比较有兴趣和孩子互动。陪产士的支持能提升产妇的自尊和成就感，促进母子间的互动，这一连串反应都有助于形成亲子间稳固而持久的情感联系。

总而言之，愈来愈多的证据显示，敏感时期对于形成亲子紧密联系非常重要。但是正如同我们前面所说，这并不表示所有的父母和婴儿第一次接触后都会建立起紧密的关系。由于这段时间内各种环境因素的影响，每对父母的反应都不相同，没有固定或可预测的模式可循。父母的个别差异会影响他们对新生儿的反应。尽管如此，在婴儿出生的头一个小时和随后的住院期间，父母都有机会和孩子独处，再加上支持性的照护，就构成了能促进亲子紧密联系的良好环境。

父亲的角色

父亲另有一套和新生儿建立亲密关系的方式。虽然社会观念和新生代父母的期望都在改变，导致我们有时候会以为父亲和母亲的角色在某种程度上或许是可以互换的，然而本书作者比较同意威尼考特的看法，在养儿育女的许多工作上，父亲和母亲各有不同的角色。父亲不只是母亲的替代品，也是新生儿的主要养育者。

小儿科医生兼研究人员优格曼（Michael Yogman）指出，应正视双亲做好心理调试的好时机，他们不再只是扮演为人子女和为人夫或为人妻的角色，而且也即将为人父母。然而，准爸爸不会感觉到胎儿在腹中成长，因此他可能会寻求其他方式来证明自己也有生产力、创造力，他可能会愈来愈投入工作，希望为家人提供财务上的保障。婴儿出生前，辛苦的准爸爸一方面需要随时提供妻子情绪上的支持，另一方面又希望勇于负责，展现生产力。许多观察家注意到，当先生能够在妻子怀孕时表现得体贴关怀，妻子通常也能成功地适应怀孕的状况。

观察家喜欢用"全神贯注"来形容父亲对新生儿的强烈反应。"全神贯注"包括父亲与新生儿建立紧密联系过程中的几个不同层面，比如深受小婴儿吸引，认为自己的孩子完美得不得了，兴高采烈，洋洋得意等。

4

一个家庭的诞生：最初的几分钟和几小时

心理学家帕克通过审慎的观察证明父亲和母亲一样，对婴儿发出的声音都很有反应。在婴儿发出声音后，父母双方都会增加对婴儿的低语和回应。不过父亲和母亲的反应不同。父亲的反应比较偏向快速说话，母亲的反应则是抚摸孩子。帕克指出："资料显示，尽管父亲和母亲有不同的反应模式，但是他们都会以不固定的方式回应婴儿发出的暗示。"（父亲和母亲不但对婴儿同样敏感，而且也都能根据婴儿的奶量成功喂奶。）新生儿本身对于激发父爱和吸引父亲投入也很有促进作用。婴儿精神科医师史登指出，婴儿会选择性地以不同的方式对父母作出反应，同时他们能够辨认父亲的声音，并且有所反应。

帕克相信，最早建立亲子间紧密联系的地方是在婴儿出生的医院，因此父亲应该在医院中就和婴儿及早接触，因为"母亲产后在医院有许多机会了解婴儿，父亲却被排除在外，因此必须设法让父亲也能参与。如此一来，父亲不但会对婴儿产生兴趣，感觉拥有这个孩子，而且也会像母亲一样，发展出照顾小孩的种种技能"。

帕克的结论是，父亲对婴儿的兴趣和反应都远比美国文化传统所认知的要强很多。其他研究人员也发现，如果要求父亲在婴儿出生的头三天为婴儿穿衣、脱衣两次，同时凝视婴儿一个小时，那么在婴儿刚出生的头三个月中，父亲对婴儿的照顾也会大幅增加。

瑞典研究人员针对哥特伯格两家妇产科医院照顾剖宫产妇女的不同政策进行研究，探讨让父亲照顾新生儿会产生什么效果。他们容许一组父亲及早和婴儿接触，另外一组父亲则只能隔着保温箱看看婴儿。三个月后比较两组的状况，结果发现，能及早接触婴儿的父亲比较常抚摸孩子，也常常抱着孩子，让孩子的脸面向他。保温箱造成的阻隔或许带来一些影响，但这些行为上的差异显示，亲子间的早期接触可能会改变父亲的行为。美国也有类似的发现。布瑞佐登比较了生第一胎和第二胎时父亲的不同体验。"研究对象告诉我，能够参与分娩的过程令他们非常兴奋，不但感觉更贴近婴儿，和生第一胎时的经验不同，而且也感觉和妻子更加亲密，因为两个人共同经历了亲密而重要的人生大事。"

新生儿出生后，如果母亲没有办法和小孩在一起，婴儿在等待母亲康复期间，仍然可以从父亲那里获得必需的温暖和安全感。有一天，一个六岁男孩说："妈咪，我出生的时候，曾经待在一个盒子里。你不在那里，不过没有关系，因为爹地和我在一起。"妈妈听了大吃一惊，但男孩说的也没错。这孩子比预产期提早了三个星期出生，医生为他的母亲实施全身麻醉，动了紧急剖宫产手术才把孩子生出来。母亲康复得很慢，因此婴儿出生后二十四小时母亲都没有办法看看他或抱抱他。在内心深处，她始终很遗憾没能在孩子刚出生时陪着他，也一直不愿意多谈这段经验。孩子的话却抚慰了她的心。

另外一位母亲因为在剖宫产后没有办法立刻抱抱刚出生的婴儿而感到十分悲伤。回顾生产过程时，她了解到，当时她的先生把刚出生的婴儿在她怀里放了一分钟，小宝宝也满足地望着她。此后，她从麻醉中清醒的时间远比想象中快。一旦明白了这些事实，她立刻从心中涌起对孩子的爱，而且也因为了解到先生对她和孩子的感情而深感安慰。

母婴共处的头几个小时

小宝宝出生后和妈妈一起休息，也开始产生一连串感官的、荷

尔蒙的、生理的、免疫的和行为上的反应。这些事情都可能影响母亲和婴儿的情感联系，两人渐渐心连心，发展出进一步的亲密关系。

要了解这个时期的发展，很重要的是能辨认婴儿从沉睡到哭泣的六种不同的意识状态（参见第三章）。让我们最开心的状态是安静警醒的状态。婴儿在这个状态中会睁大眼睛，对环境有所反应。在婴儿出生后第一个小时内，他们平均有四十五分钟处于这种安静而警醒的状态。这时候，婴儿会呈现出广泛的感官能力和运动能力，激发父母的反应，并打开亲子间的沟通通道。父母都非常喜欢凝视新生儿睁大的双眼。新生儿在清醒的时候，通常都能够以视线追随父母的脸孔，转动的幅度甚至达到180°。

在婴儿刚出生的这段时期，究竟如何建立亲子之间的奇妙联结？要回答这个有趣的问题，唯有仔细检视在这段关键时间内新生儿和父母之间发生了什么事情。什么样的因素会在婴儿还没有能力满足自己需求的头几个月中拉近亲子之间的距离？母亲的辛苦奉献能得到什么样的回报？

我们经常看到的景象是——母亲忙着哺育刚出生不到一小时的婴儿。这幅单纯的画面模糊了母亲与婴儿之间同时发生的多种互动，母子在不同层次的亲密互动行为逐渐将两个人紧密地凝聚在一起。母亲和婴儿会诱发对方的各种行为反应，并且自然地带来满足感。例如，小婴儿的哭声会吸引母亲过来察看，母亲并因此把他抱起来。而当母亲把小婴儿抱起来的时候，小婴儿往往安静下来，睁大眼睛，以目光追随母亲的动作。当妈妈开始抚摸小婴儿的脸颊和他沟通时，小婴儿很可能把头转过来，想要接近妈妈的乳头开始吸吮。而小婴儿吸吮的动作让母子双方都感到很愉悦。当然我们的描述过度简化了母子间的互动，他们的行为并不是像这样的连锁反应，而是每一个事件可能引发好几种反应。然而如果我们仔细观察，我们会发现似乎有一个防止失败的系统确保母亲和婴儿会自然而然会愈加亲近。

由于语言上的限制，我们必须以这种一个接着一个的连续方式来描述母子间的互动，而无法形容他们同时发生的行为，因此也无法充分展现实际过程的丰富性。

视线接触（彼此对望）

母子间发生的一连串互动行为先从眼睛开始。我们观察到，当母亲刚生产完不久和婴儿单独在一起时，她们非常喜欢和婴儿相互凝视。在一项研究中，有73%的母亲都描述她们很喜欢唤醒婴儿，看着他们睁开双眼。有的妈妈觉得小宝宝的眼神中充满了生命力和感情。许多妈妈也提到，当婴儿看着她们的时候，她们觉得与婴儿更加亲近。从婴儿出生的第一分钟到十五分钟，父母花在和婴儿面对面视线接触的时间逐渐增长（从10%的时间增加到23%的时间）。

兰恩观察到，在家生产的产妇，在婴儿出生后胎盘还未排出之前，大多数妈妈会抱起婴儿，脸对脸，提高声音和婴儿说话。在许多照片中，都可以看到母亲脸对脸凝视婴儿，而父亲则在旁边观察婴儿。其他因素更加强了这种视线接触：

眼神丰富的内涵更加强了母亲的眼神对孩子的吸引力（以及孩子的眼神对母亲的吸引力）。比起身体其他部位，眼神中包含了许

多有趣的特质，例如眼球十分明亮，眼球一方面可以自由转动，同时又一直在固定的空间内，还有瞳孔—虹膜—角膜结构中的对比，以及瞳孔能放大缩小的能力。

心理分析学家佛瑞伯格曾详细描述盲眼婴儿的父母想要感觉与孩子很亲近是多么困难的事。由于缺乏这种相互凝视带来的肯定，父母感到很迷惘，觉得和小宝宝很陌生，直到后来双方都学会其他替代沟通方式，情况才有所改善。

我们针对许许多多的婴儿进行布瑞佐登的新生儿行为评估时，经常很惊讶：这些婴儿宁可注视着研究人员的脸孔，而不是没有生命的物体。其他研究也发现，能够最早逗婴儿露出社交性笑容的最有效刺激是有两个眼睛、一张嘴巴的脸部图像。即使当时小婴儿才出生几分钟，还没有机会看到任何人类的脸孔，但他们天生就喜欢这样的图像。父母注视小宝宝的方式会令小宝宝也开始注意父母的脸孔，并以视线追随父母的脸孔，而且过了一会儿，还会报以微笑。由于笑容的威力无穷，这种视觉上的互动对于拉近亲子间的距离非常重要。

我们不断观察到与婴儿视线接触的威力。例如，有三位年轻的研究人员参与了我们另外一项研究，我们要求他们每天同时也帮忙进行布瑞佐登新生儿行为评估，但却听到三个人都说，他们并不特别喜欢小婴儿，新生儿尤其烦人，他们希望自己永远不要有小孩，这令我们十分沮丧。他们不停地嘀咕，抱怨还需要学会怎么作行为评估。当他们执行这项评估时，几个女生第一次有机会和安静而警醒的婴儿相处，并且四目交接。这时候，惊人的改变发生了。突然之间，每个人都对于"她的"小宝宝十分热情，想要抱他，甚至在当天和第二天又回来看小宝宝。到了晚上，她会告诉朋友有关这个美妙的小婴儿的种种事情。几个星期后，三个人都决定有朝一日她们自己也要生个小孩。我们常常见到类似这三个女生的情况。新生儿转动眼珠注视着大人眼睛时具有强烈的吸引力，他们的眼神中蕴含了丰富的情感内涵。

妈妈的声音和小孩的哭声

父母和婴儿都会对声音的讯息有所反应。新生儿能分辨男人和女人的声音，甚至能分辨出两个不同女人的声音——如果其中一位是她的母亲的话，我们在第三章曾经讨论过这个主题。婴儿会表现出对母亲声音的偏好。婴儿在出生后不久，就会显示出他们能辨认出在妈妈腹中时一再听过的故事。正如同我们在第三章所说，父母和其他大人很容易用高音和婴儿说话，新生儿对高音也比较有反应，这表明他们比较偏好听到以高音频说话的声音。除了母亲的声音会影响婴儿的反应之外，婴儿的哭声也会引起母亲的生理反应，促使她去照顾婴儿。一项研究表明，在听到健康婴儿饥饿的哭声后，热感式照片显示，九成的母亲体内流向乳头的血液会大量增加，这说明婴儿的声音会引发母亲的生理反应。在这两个复杂的互动系统中，母亲在婴儿出生后一两天就可以辨识出自己孩子的声音，但是还不如婴儿辨认母亲声音的速度快。

互引作用

当我们逐秒分析影片时，就会看到人类的沟通过程所牵涉的不只是声音，动作也很重要。一个人说话时，他身体的许多部分都会动来动去，有的动作很明显，有的动作则难以察觉；聆听者也一样，会随着对方说话的内容而移动。通过对影片的"微分析"，我们发现，无论聆听者还是说话者，都会随着说话者吐出的一字一句而手舞足蹈，说话的过程成了有节奏的舞蹈。我们称这种互动为"互引作用"，我们无法仅凭肉眼看到其中蕴含的形态，但是对话双方却会下意识地呼应其中的节奏。

我们可以猜测，在出生前，胎儿许多动作的节奏都呼应着妈妈的动作，而且受到各种规律性波动的影响——母亲睡眠和清醒的周期，每天的荷尔蒙波动，规律的日常作息、心脏跳动，以及从阵痛开始前直到胎儿从产道冒出的这期间子宫持续规律的收缩。这些影响或许提高了新生儿对母亲的声音和动作的反应。

新生儿会有节奏地呼应大人语言中的结构。"当婴儿动来动去的时候，他会随着说话者特殊的语音结构而产生肢体动作的变化。"当大人在说话中间为了换气或念出重音节而停顿一下时，婴儿会以几乎难以察觉的方式挑一下眉毛或动一下脚。事实上，说话是引发婴儿动作的最有效方式。无论是敲打声还是不连续的元音，都没有办法像说话的自然韵律那样与婴儿的动作相互呼应。在各种语言中，研究人员都观察到这种同步的动作。

如果婴儿从一开始就能精确地呼应文化中的言语结构所蕴含的韵律节奏，那么早在他运用语言沟通之前，他早已通过社会、生物的复杂互引过程，而一再重复参与了数百万次语言的表达形式。

当婴儿受到母亲的影响，随着母亲声音的韵律而动来动去时，他的动作同时也鼓励妈妈继续说下去。因此他们之间的对话是互动的，能够自己延续下去。

许多临床经验表明，我们相信在亲子的初次接触中，父母通常都从婴儿身上接收到某些反应或讯号，例如肢体动作或眼神、视线。我们认为，大多数父母都是在新生命诞生的头几天，当小婴儿处于安静警醒的状态中，随着父母说话的韵律动来动去时才接收到这样的讯息。

精神医学家桑德指出，当妈妈抱着小婴儿的时候，小婴儿安静而警醒的时间会逐渐拉长，从出生第二天还不到25%的时间，增加到第八天的57%。因此他形容母亲对婴儿的影响就好比磁铁的吸力能让一堆散乱的铁屑整齐排列。

桑德强调，安静而警醒状态中的小婴儿十分稳定。如果小婴儿原本是在另外一种意识状态中，而妈妈或爸爸在此时介入，那么小婴儿可能就会进入安静警醒的状态。不过婴儿的反应通常都受到情绪和感觉的影响，有时候他们也不见得会出现这样的反应。如果小婴儿当时已经处于安静而警醒的状态，妈妈在这时候介入，小婴儿的意识状态不太可能因此改变，敏感的母亲（或其他照护者）和婴儿之间的互动往往能导致婴儿经常处于安静而警醒的状态。

荷尔蒙分泌

我们在前面提过，婴儿也能刺激母亲分泌催产素和泌乳激素等荷尔蒙。喂母乳或让婴儿舔妈妈的乳头，都会刺激母亲分泌催产素（也就是刺激"喷乳反射"），因此加速子宫收缩，减少流血。母亲开始喂母乳后，只要看到或想到婴儿，都会引起喷乳反射。每一

次婴儿吸吮乳头，都会促进催产素分泌，对母亲产生安定作用，同时也让母子之间的关系更加紧密。这是为什么催产素也被称作"拥抱荷尔蒙"。

除此之外，当婴儿吸吮乳头时，母亲和婴儿都会大量分泌二十种不同的胃肠荷尔蒙，包括能刺激婴儿肠道发育，在喂奶时促进卡路里吸收的胆囊收缩素。母亲的乳头和婴儿的嘴部都有这类能刺激荷尔蒙分泌的机制。而且每当婴儿的嘴唇或手指碰触到母亲的乳头时，泌乳激素的分泌就会大增，达四倍到六倍之多。泌乳激素分泌量的改变会促使乳房的乳泡分泌乳汁。

有的孕妇通过收养的小婴儿对乳头的刺激便能分泌乳汁，顺利喂母乳。她们在喂母乳的时候，同样也快速建立起对婴儿的强烈情感和紧密的关系。在这类情况下，肌肤与肌肤的接触、抚摸、气味、体温以及听觉和视觉上的刺激，加上母亲的荷尔蒙分泌，都能促进亲子间的紧密联系。

嗅觉和触觉

正如同我们在第三章的描述，母亲和婴儿可以凭借嗅觉找到彼此。母亲在婴儿出生后第一天，只经过一小时的相处就可以闻到自己婴儿的气味，在一群婴儿中挑出自己的小孩。另一方面，小婴儿大约花六天的时间就可以分辨妈妈的乳垫和其他妇女的乳垫不同的气味。

触摸和气味是母亲最初认出自己小孩的基本方式。有一项研究显示，在婴儿出生后二十四小时，让母亲与婴儿相处超过一小时，但把母亲双眼、耳朵和鼻子都蒙住，让她们的视觉、听觉和嗅觉都无法发生作用，结果这些母亲单靠触碰婴儿的手背就能辨认出自己的孩子。

有趣的是，母亲甚至在还无法记得婴儿的哭声或长相之前，就能够辨认出婴儿的气味和皮肤的触感。母亲可以从许多不同的层面感知婴儿的存在，整个系统似乎可以让母亲不依循脑部逻辑和理性思考，而是在更深入而原始的层次感觉和辨识婴儿，和自己的孩子沟通。

模仿

当婴儿安静而警醒时，他们很喜欢注视父母的脸孔。他们不只对眼中所见有反应，而且也会模仿在父母脸上看到的表情。如果婴儿直视妈妈脸孔时，妈妈把舌头伸出来，那么婴儿在三十秒到三十五秒之后也会绷紧身体，试图把舌头伸出来。

小婴儿怎么有办法玩这样的把戏呢？他们一定感觉到自己有舌头，而且也知道舌头位在何处，如何控制它。模仿是很复杂的行为，很难想象从来不曾照镜子、玩过幼稚园小孩认识五官游戏的小婴儿，居然能够了解他在妈妈脸上看到的表情和自己身体的某个部位有关。

这个游戏以奇特的方式影响了母亲和婴儿的行为。有一位妈妈形容，当小宝宝打呵欠时，她也会禁不住打起哈欠，然后小宝宝看了又打了个哈欠，如此这般持续了几个哈欠，直到两个人都睡着为止。威尼考特观察到：母亲就好像婴儿的一面镜子，在婴儿刚出生的头几个月，母亲花很多时间模仿婴儿。他表示："当婴儿注视着母亲的脸孔时，他到底看到了什么？我的意思是，小宝宝其实看到

了他自己。"母亲和婴儿其实在相互模仿。

当婴儿开始发现自己的存在和自我的界限时，这种交互反应尤其重要。当母亲温柔地顺从婴儿、模仿婴儿，而不是刺激他们或引导他们时，婴儿似乎会比较有反应。模仿能帮助婴儿发现自我，这种交互模仿是婴儿认识自己、认识父母的另一种方法，也是学习社会化的过程。模仿并非婴儿有自觉的举动，而是在不知不觉中发生的自然行为。

当父母花时间了解自己的孩子时，他们也逐渐学习如何设身处地从孩子的角度思考。如此一来，婴儿发出的信号就能更清楚地表达他们的需求，并且引起父母适当的反应。因此，沟通、抚育和生存是每个人与生俱来的能力。

在婴儿刚出生的这段时间，如果妈妈担心孩子的健康或福祉，或觉得没有得到伴侣的支持，这些担忧可能会影响她们对新生儿的感觉。除此之外，如果由于手术或疾病的缘故，妈妈无法在婴儿出生后立刻抱抱他，有的妈妈会觉得很失望、伤心，担心自己或小孩会不会因此错失了生命中很重要的经验。在这种情况下，必须安抚新生儿的父母，让他们明白，没有在新生命诞生后第一个小时里将他们抱在怀里不算什么悲剧，不会有任何损失，在以后的日子里，亲子之间的情感联系和关爱仍然会与日俱增。人类显然天生就具备多种系统，会自然把父母和孩子紧密联结在一起，因此亲子关系的发展几乎是不可能失败的。

促进相互了解的好机会

在报告我们近年来针对父母和婴儿之间的奇妙联结时，我们对于究竟要怎样强调第一小时的接触和住院期间持续探访的重要性感到进退两难，难以决定。显然，即使是在住院期间无法及早接触新生儿的父母，后来还是和孩子建立了紧密的关系。人类具有高超的适应能力，建立亲子关系的途径有很多。悲哀的是，有些错过早期接触经验的父母误以为他们未来与孩子的关系也会是一片灰暗。这种观念完全错误，但也正因为看到这些父母的沮丧，在谈到及早建立亲子联系对后来亲子关系的影响时，我们在措辞上都格外小心。不幸的是，我们发现如此一来，一些保持怀疑态度的人反而终止了亲子早期接触的做法，而强调例行的做法——在婴儿出生的头一个小时把他们放在电子保温箱中，或让亲子只有短暂的时间匆匆会面。在这种情况下，亲子接触时会缺乏必需的隐私、支持和耐性。而错失亲子及早接触机会的母亲通常正是适应力较差、最能从中获益的一群人——贫穷、强势、单亲的妈妈，或十几岁的年轻妈妈。

我们相信，已经有充分的证据显示，婴儿一出生后亲子立刻接触好处多多。仅让父母和新生儿私下相处不到一小时，时间绝对不够。虽然研究结果还无法完全说明生命最初几小时和最初几天的影响有多大，但是这段时期内额外的接触能帮助父母和小宝宝更加熟悉。

如果母亲或新生儿因为健康的缘故无法及早接触，那么应该通过讨论、支持和安抚帮助父母了解，尽管建立亲子紧密联系通常需要更长的时间，但是他们仍然可以和其他有正常经验的妈妈一样，和婴儿建立完整而亲密的关系。显然婴儿唯有在身体状况正常，而且能维持适当温度的情况下，才应该和父母在一起。我们强烈建议，只要妈妈愿意，在她住院期间母子都应该在一起，他们可以因此彼此认识。令人高兴的是，现在大多数婴儿出生后都不再被安置在大型育婴室中。让婴儿和妈妈在一起，双亲可以有更多的机会了解小宝宝，趁医护人员在场的时候提出问题，并且在新生命来到世上的头几个星期，开始和他建立紧密的情感联系。

我们的建议

我们知道亲子早期接触的重要性，而经济压力和时间上的限制又促使今天的医院把产妇住院时间缩短为十二到三十六小时，因此我们提出下列建议。即将为人父母者最好能在生产前和医生或医院讨论如何采取这些做法。

（1）第一个小时：如果小宝宝已经擦干，母亲也产出胎盘，伤口完全缝合（通常都在婴儿产出后五到十五分钟后），应该让父母至少和婴儿单独相处一小时。

（2）私密性：这段时间必须是父母和婴儿的私密时间。父母不可能在拥挤吵闹的房间内爱上自己的孩子。

（3）母婴同室：如果可能的话，除非真的有医疗上的需要，否则在产妇住院期间不应该让婴儿和妈妈分开。

（4）保暖：婴儿一出生就必须把他完全擦干，同时带上三层帽子保暖。一旦小宝宝面色红润、充满活力（九成的新生儿在出生几分钟内就会达到这样的状态），就应该在婴儿能够保暖的情况下，让婴儿舒适地和父母在一起。如果让婴儿和妈妈肌肤贴着肌肤紧靠在一起，帮婴儿盖一条干毛巾或薄毯子，或在妈妈身旁放个热垫或暖炉，那么婴儿就能够保持适当的体温。

（5）让小宝宝自己找到乳头：如果妈妈打算喂母乳的话，即使一小段时间都好，应该问问婴儿的父母，他们是否愿意让婴儿尝试自己爬到母亲胸部，找到乳头开始吸奶。要这样做的话，在婴儿出生的头一个小时，不应该让他离开妈妈身边。帮新生儿量体重、喂维生素和擦眼药、洗澡等动作，都可以稍后再做。

（6）让父母及早负起责任：健康的父母应该对照顾婴儿负起完全的责任，护士和助产士只有在父母求援时才从旁辅导。过去往往母亲一做错，"专家"就立刻纠正。改变这种做法有助于提高母亲的自信。

（7）保温箱和灯光：我们建议如果情况许可的话，即使新生儿需要待在保温箱中特别保暖，把保温箱放在妈妈旁边。这种情形通常包括长得特别小的婴儿，至于有黄疸的婴儿。我们建议直接在妈妈的病房内进行照灯治疗。

（8）挑对时机提忠告：应该根据每位母亲和婴儿的个别需要来指导育婴方式。举例来说，如果有位妈妈发现要小孩爬到胸部找到乳头很困难，这时候，她在完成这件事情以前，一定没有心情听护士提供例行指示——例如教她如何帮孩子洗澡、护理肚脐和皮肤以及进行例行检验等事情。而且护理人员也需要根据母亲的受教育程度，以有趣的方式来解说。

（9）新手妈妈团体：住院期间，在妈妈组成的小团体中讨论个人照护和如何照顾婴儿等话题效果最好。这类团体应该是非正式的团体，而且每位妈妈都有机会发言和问问题。如果父亲在场，也应该参与讨论。产科病房应该每天提供两次这类团体讨论机会，不但节省时间，也可以改善沟通的效果。

（10）育婴指南：母亲很难在婴儿出生后二十四小时内就记住所有的指示。在这段时期，应该只给几个最重要的指示。而出院的时候，所有的父母都应该拿到印制的育婴指南，照着医院的指示去做。

父母应该切记，小宝宝是他们的，应该把小宝宝的感觉和需求放在第一位。无论是医生、助产士、陪产士还是护士，所有的医护人员都只能从旁协助，回答问题，并且激发父母充分发挥与生俱来的抚育才能。

5

喂奶及建立亲密关系

　　无论选择喂母乳还是喂牛奶，父母在婴儿出生后不久就会面临一个关键时刻——第一次喂新生儿吃奶。父母通常都在这个时候初次看到新生儿如何运用吸吮、吞咽等重要功能。本章大部分篇幅都在讨论喂母乳的问题，因为我们已经知道喂母乳对婴儿的身心都十分有益，但是如果无法喂母乳或选择不喂母乳的母亲，千万不要因此有罪恶感。对父母而言，用奶瓶喂奶仍然是温暖、充满关爱的经验。重要的是把婴儿抱在怀里，眼睛注视着他，喂奶是与亲子共处的重要方式。

　　尽管有的母亲试图生产完立刻喂奶，但是无论对妈妈还是小宝宝而言，在累人的分娩过程结束后稍微休息一下再进行第一次喂奶，效果会比较好。我们在第四章提到，如果妈妈在分娩过程中没有注射止痛药，而且护士把婴儿擦干后放在妈妈的腹部，有一段时间不去打扰他们（如暂时停止为婴儿洗澡等例行工作），那么三十五分钟到五十五分钟大的婴儿会努力爬到妈妈的胸部和乳房，张开嘴巴，自动开始在乳晕部位吮吸。

这个惊人的过程究竟会历时多久，则很不一定。有一位陪产士曾经协助过一百多位产妇在产后不久就开始喂母乳。这位经验丰富的陪产士发现，如果房间内阴暗而安静，新生儿爬到妈妈乳房、吮吸乳头的速度通常会快一点——差不多在出生后十分钟到二十分钟内就能完成这个动作。如果受到光线或声音干扰，婴儿通常会停下来，过一会儿才继续往妈妈胸部爬行。

新生儿也可能晚一点才能完成这个动作。以下是一位妈妈的叙述。她生下一对健康的双胞胎，双胞胎出生当天分别从她的腹部爬到胸部，她的叙述显示了这段经历对其身心带来的冲击：

我的第一个感觉和肌肤接触的强烈感觉有关。我的双胞胎女儿一出生就被抱开，过了好一阵子，我才能抱抱她们，而她们当时都已经用毯子包起来。所以后来有机会让两个小孩分别光溜溜地趴在我肚子上时，我的感觉非常强烈，同时也觉得很安心。

当女儿开始在我的肚子上蜷曲、扭动，往我的胸部爬的时候，我心里满是温暖和关爱的感觉，强烈的母爱油然而生。但是在她们出生时，我还没有这样的感觉，尽管从所有我读过的书中，我都以为自己会有这样的感觉。从她们的爬动中，我充分认知我们真的创造了这两个小生命。当她们经过漫长的努力，终于找到我的乳头，拼命想咬住乳头时，我和我的先生都觉得大受鼓舞。

在这段过程中，我对刚出生的女儿竟然有能力协调自己的动作，本能地朝着我的乳房爬过来感到非常神奇。因为我们看到她们其他的动作都还很不协调，因此这种爬行能力，还有知道自己该往哪个方向爬的能力，都十分惊人。

我也感到安心。她们刚出生的头几天，情况非常复杂、混乱，我压力很大。两个女儿都完成了这段爬到胸部的旅程增加了我的信心。在我的心目中，我的女儿带着与生俱来的生存能力来到世上，而且天生就喜欢受母亲照顾。我是第一次当妈妈，女儿的天赋为我打了一剂强心针。我希望自己同样也拥有与生俱来的当妈妈的天赋，帮助我在日后度过难关。

在第一次喂奶和随后喂奶的时候，让宝宝的饥饿感决定什么时候吃奶最好（我们可以视之为宝宝踏出了迈向独立的第一步）。当新生儿咂嘴、口水增加、头转来转去寻找妈妈的乳头、身体动来动去时，通常就是在发出肚子饿的信号。如果大人没有在短时间内回应他们发出的信号，他们就会号啕大哭。

在最初的敏感时期，最好每位母亲都要掌握几个重要原则：例如找个舒服的姿势；要确定婴儿的嘴唇紧贴着乳晕，而乳头塞进了婴儿嘴部后面；要明白婴儿在开始吸吮的头四五分钟就吸进了母亲乳房中75%到85%的奶量。虽然大多数婴儿一出生就懂得吮吸，在他们刚出生的头几天，技巧仍然会精进许多。婴儿会迅速抓住要领，整个过程很快变得比较顺畅。产妇身边应该有一位女性辅导和协助她，但却不会干扰她——不管是护士、助产士、陪产士或有经验的家人都好。单独和小宝宝在一起时，妈妈开始一步步认识小宝宝，同时逐渐学会掌握宝宝想睡、肚子饿或觉得心满意足时发出的信号。

5

喂奶及建立亲密关系

正如威尼考特所说：

母乳并不会不断地分泌出来，而是受到刺激而产生的反应。当妈妈看到、闻到或感觉到小宝宝，或听到小宝宝肚子饿的哭声时，乳房就会受到刺激分泌乳汁。妈妈对婴儿的照顾是一体的，她会逐渐形成喂母乳的规律，仿佛这是一种母子之间的沟通方式——是一首无言之歌。

无论用奶瓶喂奶还是喂母乳，婴儿都能够清楚地看到母亲的脸孔，观察她脸上的表情，感觉到她身体和手臂的温暖。有趣的是，当小宝宝一边吃奶，父母一边聊天的时候，小婴儿通常会停止吸吮或改变吸奶的频率，想要聆听父母的谈话。父母和婴儿之间有许多无言的沟通。喂奶时的拥抱、依偎、安抚、感觉都是很特别的体验。无论是采取喂母乳还是喂牛奶的方式，如果父母紧紧把小孩抱在怀里，亲子之间都会展开这样的沟通。

喂母乳的妈妈表示，每一次喂母乳的时候，她们都重新感受到一种亲密、温暖的感觉和爱意，觉得和孩子更加紧密地联结在一起。或许这种特殊的感觉有一部分来自于催产素。我们在第四章中提过的催产素是一种天然分泌物，也称为"拥抱荷尔蒙"。当宝宝因为饥饿而哭泣，或吸吮乳头时，妈妈就会分泌大量催产素刺激乳汁分泌。产妇在分娩阵痛时也会分泌催产素刺激子宫收缩。在动物实验中，诸多证据也显示催产素可以激发小哺乳动物的亲子情感联系。

我们早已了解到，母亲的乳汁富含抗体，初乳中的抗体含量尤其丰富。母乳和初乳富含高浓度的分泌型免疫球蛋白A，能在婴儿的肠道内壁覆盖上大量抗体，以抵挡母亲携带的许多传染媒介。举例来说，如果母亲在产前肠胃感染了沙门氏菌，母亲的肠壁细胞会开始制造抗体对抗沙门氏菌。其中有些细胞会转移到乳腺中，随着初乳分泌出来，其他细胞则留在乳腺中，制造可以对抗沙门氏菌的抗体。胎儿穿过产道生出来和刚出生的头几个月，都可能接触到沙门氏菌。只要妈妈喂母乳，这些抗体就可以防止婴儿感染沙门氏菌，类似的抗体还可以保护婴儿不会遭受其他危险细菌的感染。这就是为什么完全喂新生儿母乳可以预防许多传染疾病（无论是细菌或病毒性疾病，包括腹泻或呼吸道感染）的原因。除此之外，近年来的研究显示，吃母乳的婴儿罹患糖尿病或被称为"局部性肠炎"的慢性肠道疾病的几率较低。

最近英国有一项针对早产儿的研究显示了喂母乳的其他惊人的好处。有一组体重1.2千克到1.6千克的早产儿曾经吸了五个星期的母乳，等到他们八岁时，测出来的智商竟然比起一般用奶瓶喂奶的早产儿高了十分。在另外一项有趣的研究中，四个月大只吃母乳的足月婴儿能够比用奶瓶吸牛奶的婴儿看到更小的东西，但是到了八个月大时，他们的视力就和一般小孩无明显差异了。

研究新生儿的专家愈来愈把关注的焦点放在喂母乳上，部分原因在于，我们对于及早喂母乳有了新的认识。例如，有关及早喂母乳的九项研究中，有七项研究都显示，如果想要喂母乳的妈妈在婴儿出生的头一个小时就让孩子吸吮乳头，那么她比较有可能顺利喂母乳，而且还会维持一段很长的时间。瑞典研究人员观察，如果婴儿在刚出生的头几个小时，嘴唇碰到妈妈的乳头，那么母亲在婴儿刚出生的头四天中，把小孩留在房间里的时间也会比较长。1900年左右，当时的医生犯了一个严重的错误，他们把喂奶时间定为每

5

喂奶及建立亲密关系

083

二十四小时喂六次。直到过去几十年来，医界才逐渐推翻了这项建议。证据显示，把每天喂母乳的次数从六次增加到十次或十一次，可以大幅降低婴儿血液中的胆红素（或黄色素）浓度，防治黄疸发生。提高喂奶频率也可以减轻母亲的乳头疼痛和防止乳房松软。更重要的是，这样做能把母亲分泌的奶量从五百毫升提高到七百五十毫升，足以供应几周大的婴儿所需。每天喂奶十到十一次，对初为人母者而言，简直好像马拉松赛跑一样没完没了。不过，母亲必须明白，她不见得需要每个小时就喂一次奶。由于婴儿吸奶四五分钟，就吸光了妈妈乳房中大部分的乳汁，因此常见的状况是，小宝宝吸奶五到八分钟后，就睡个十到十五分钟，醒过来，又开始吸另外一边乳头。每一次小宝宝吸奶后睡着，有五到十分钟完全没有吸奶，就可以算做一次喂奶。例如，妈妈可能在六点到七点钟之间，喂了三次奶，然后小宝宝连续睡了四五个小时，接着又间歇地喂了两三次奶，然后他又睡了几小时。什么时候喂奶，应该根据婴儿肚子饿时发出的信号来决定。

为了增加母亲分泌的奶量，同时让妈妈能顺利而舒服地喂奶，妈妈可以逐渐增加每天喂奶的次数，这样比严格遵守过去医生规定的喂奶时间有效多了。有的婴儿可能需要较长的吸奶时间，不只是为了补充营养，也是为了舒服和亲密的感觉，我们称之为"非营养性吸奶"。如果这种情形发生在喂母奶时，而且母亲和婴儿都觉得这样做很舒服，可能会产生更多奶量。不过好的母乳通常来自于增加喂奶次数，而不一定来自于延长喂奶时间。婴儿吸母奶的要求愈高，母亲就能产生愈多乳汁。在最初几个星期中，母亲只要依循婴儿吸奶的信号，通常就能保持供需平衡，形成母亲和宝宝都能接受的喂奶规律。提高喂奶频率也能增加婴儿体重，降低母亲排卵的机会。

由于喂母乳很明显能带来很多好处，因此无法喂母乳的妈妈往往会有罪恶感（就好像亲子早期接触一样）。有的母亲由于身体状况和药物治疗状况而无法在孩子一出生时就喂母乳，她们可能会觉得剥夺了孩子宝贵的资源，而且担心会伤害到未来的亲子关系。但是还有其他很多方法可以确保婴儿的健康和亲子间的紧密联系。由于婴儿喝牛奶也同样会长得又高又壮，因此往往是妈妈的需求需要关注。我们曾经碰到一位妈妈，她由于必须暂时接受药物治疗而无法喂母乳，她向我吐露了心中的失落感。在讨论过程中，她慢慢了解，原来她担心会"剥夺了"小宝宝吸母乳的机会，其实只是自己生怕错失了喂母乳的经验，而不是孩子真的那么"需要"母乳。一旦焦虑获得疏解，她就明白小宝宝其实发育得很好，她仍然渴望尝试喂母乳的滋味，即使晚一点开始都好。

于是，她采取了医学界为养母和早产儿规划的喂母乳方式。他们把牛奶装在塑胶袋里，挂在母亲肩上，用小管子把牛奶滴在母亲的乳头附近。当婴儿吸奶的时候，一方面婴儿得到了所需的养分，另一方面，也刺激母亲的乳房分泌乳汁。这位母亲在后来的两个半星期内，得以重新供应足量的乳汁，停止了用奶瓶喂奶。其他和她处境相同的母亲则发现，在用奶瓶喂奶前后，额外的拥抱安抚，以及与孩子亲密接触，也能建立深厚而紧密的亲子关系，和喂母乳没有两样。由于母亲的情绪会影响乳汁分泌，因此降低母亲紧张的情绪将有助于喂母乳。如果母亲在喂母乳期间太担心婴儿的健康或吸奶状况，或和别人发生了人际关系冲突，或碰到喂奶问题时没有办法获得适当协助，乳汁分泌都会减少。通常只需要一点点鼓励和情绪上的支持，让她们有机会说出心中的忧虑，及持续得到咨询辅导，这些问题就会迎刃而解。

例如，许多年纪比较大的妇女当初都是靠喂牛奶养大小孩的。她们出于好意，老是担心小宝宝单吃母乳会不够饱，因此也弄得年轻妈妈十分困惑。尤其是祖母老爱担心这些问题。她们担心假如喂母乳的话，根本不清楚小宝宝吃了多少。她们也担心女儿或儿媳妇因为喂母乳，完全被小婴儿绑住而得不到充分休息。年轻妈妈往往不知道应该如何应付这些好心的提议，担心忤逆了长辈的意思。但是一旦她们充分具备喂母乳的知识，了解怎么做才是最重要的，就有足够的信心和内在力量做自己真正想做的事情。

在产前曾经学习放松技巧的母亲可以把这些技巧再度应用在喂母乳上。早产儿的母亲也可以通过放松和想象技巧，让自己觉得平静、自在而自信，因而促进乳汁分泌。一般而言，放松技巧对喂母乳或喂牛奶的母亲都有很大的帮助，能疏解初为人母的紧张。

喂奶过程中复杂微妙的亲子互动会影响母亲的荷尔蒙分泌，促进乳汁分泌，为母亲带来暖意，加深对婴儿的敏感和母爱，继续人类生命的循环。喂奶带给婴儿的满足感也将为他日后的社会关系和亲密关系打下良好的基础。

6

新生命诞生的头几天和头几个星期

　　我们通常在第二天早晨到医院探访刚生产完的母亲，发现她们两眼发光，热情洋溢，兴高采烈。而先生总是显得很体贴，计划在妻子和小宝宝出院返家的头几天留在家里照顾他们。有时候，产妇的母亲或其他帮手在第一个星期也会前来帮忙照顾。但是等到三个星期以后，妈妈带着小宝宝到医院进行健康检查时，她们则显得疲倦、苍白而邋遢，可能还带着满腹疑问："小宝宝睡觉毫无规律，我觉得他比其他婴儿爱哭，我每天半夜都要起来喂奶两三次。我实在累坏了，我以前完全不晓得带小孩会这么辛苦。今天为了来这里健康检查，我花了三个小时的时间，才帮他准备好。"

手足无措的新手父母

生完小孩后，有很长一段时间女人都需要照顾。但在今天的社会，母亲往往刚生产完不久，就出院返家——通常只住院二十四到七十二小时。过去生第一胎的母亲通常都住院五到七天，医护人员很熟悉母亲的反应和需求，会安排各种课程让她们学习回家后如何自己照顾婴儿。八九成的母亲在产后第二天或第三天会出现"产后忧愁"的现象，这是正常的情况。通常母亲出院回家时，已经克服了这个问题。过去产妇住院时都会有一段时间受到医护人员、妈妈或其他帮手的照顾。这些人不但向产妇提供必要的协助，树立可以学习的榜样，同时也扮演同情而有经验的聆听者。今天，新生儿的母亲很快就出院回家，或许短时间内家里还有人帮忙，但随后一切都得靠自己打点，她们必须自己煮饭、打扫和照顾婴儿。大家都期望她们能应付所有的事情。

其实，当新手父母带着小宝宝出院回家后，面对新的任务，他们既缺乏充分的准备，过去也没有什么经验。虽然目前医院的做法似乎暗示，他们预期新生儿的父母已经具备足够的能力来因应新的情况，但是并不是婴儿一出生，父母就不需要其他人的支持。几乎所有的社会原本都有一套行之有效的系统，协助新手父母度过这段时期。然而过去颇具功效的传统习俗在如今的许多国家已经消失不见，其中也包括美国。今天，由于社会上缺乏一般人普遍接受的文化传统来为新手父母提供产后必需的协助，许多家庭面临风险。以往婴儿的外婆或其他女性亲戚都会提供这类协助和引导。但是今天，外婆往往需要上班，很难找到人来填补她的空缺。

对年轻妈妈而言，要认清自己的需求和感觉，开口向别人求助，往往是很困难的事情。年轻父母通常都不太了解婴儿的需求，很难想象新生儿的要求竟然会永无止境。他们以往有活跃的社交生活，在工作上有广泛的接触，也拥有许多支持他们的朋友和同事；如今却得独自待在家里，应付小婴儿无止境的要求，实在是很大的转变。这种永无休止的责任和重担、超乎预期的极度疲倦，都会令年轻妈妈感到绝望，怀疑自己可能熬不过去。

由于今天许多产妇在生产之后往往只住院很短的时间，因此她们出院时大都和婴儿还不太熟。许多妈妈都形容，刚回到家的头几天是她们一生中最难熬的几天。通常她们心目中想扮演的"好妈妈"，都是不切实际地根据杂志文章或书上的建议而塑造的形象。因此，一位新手母亲可能竭尽心力努力尝试当个好妈妈，很难容忍刚开始照顾婴儿时自然发生的种种小问题。

在我们研究过的非工业化社会中，母亲和刚出生的婴儿至少有七天的时间（甚至几个星期）住在一起，受到很好的保护与支持，远离其他干扰。例如，根据中国农村的习俗，这段时间长达四十天。

最近我们有一位病人生下了足月的婴儿，她的例子正好显示了其他文化传统是如何提供产后照顾的。

这位产妇的母亲在她生产之前及时从印度赶来，接手安排每一件事情。年轻的妈妈在产后四十天内，大部分时间都躺在床上休息，而且和婴儿在一起。由于担心细菌感染，她没有和婴儿一起外出，但是不时有家人来看她。她们仿佛服侍皇后一样照顾她。每天都帮她抹上芝麻油，做全身按摩，同时也给婴儿抹上温暖的橄榄油帮他按摩。婴儿的外婆从印度带来一大盒药草、种子和碎果仁。年

轻妈妈每天都吃这些美味的食物，希望能为婴儿分泌营养丰富的母乳。同时，她的母亲还会为她调制牛奶、碎杏仁加上蜂蜜，以及其他特别的东西好为产妇补补身体，提升母乳的质与量。许多印度的母亲和婴儿都能从家人或好友那儿得到这类支持和保护。

在欧洲许多国家中，父母可以请三个月到一年的育婴假，通常其中还有部分时间可以领全薪。在有些国家，父亲和母亲可以分享育婴假。除此之外，这些国家还为婴儿和母亲提供许多服务。例如，在英国，母亲和新生儿出院后的头十四天，卫生保健人员会每天做家庭访问，协助母亲帮小宝宝洗澡，检查母亲和婴儿的状况，回答问题，还会在碰到特殊情况时安排额外的服务。在荷兰，选择在家生产的妇女，卫生机构会派一位护士在产后陪伴她十天，帮助她照顾婴儿，处理家事。所有的母亲都能享受到这类服务。由于政府充分体认到母亲和婴儿的重要性，政府会为所有孕妇和刚生产完的母亲提供额外的基金和服务（芬兰提供的津贴数目在两千三百美元左右）。这些都提供了很好的范例。相对而言，以下是在产后接受访谈的美国父母发表的评论。一位父亲说："我在婴儿出生五天后下班回家，发现我太太坐在那儿哭个不停。她觉得自己是很糟糕的妈妈，家里很脏乱，她也不敢替孩子洗澡。""回家三天后，我们明白我们必须二十四小时扮演父母的角色，没有假期，而我们已经累坏了。"有位妈妈说："我妈妈三天后就要离开了，我不知道我有没有办法像她应付得那么好。""我知道他只是个（一周大的）小婴儿，我不应该生他的气。""我太太总是这么累，我开始担心我们之间的关系。我们还有可能像过去那么亲密吗？""我不觉得小宝宝喜欢我。""我不认为我能找到独处的时间。"等到孩子三个月大时，一位妈妈说："（孩子出生三个月后）我们的性生活糟透了。问题究竟是出在我身上还是他身上，还是我们俩都有问题？"

最近我们在一项研究中，要求许多妈妈评论产后住院期间所碰到的各种问题。几乎每位母亲都回答："我没有时间了解小宝宝，也不知道回家后要怎么照顾小宝宝。"我们在克里弗兰的妇产科最近接到了很多电话，要求开课教导新手父母如何照顾小婴儿。这些父母说他们完全准备不足。当然也有例外。生第一胎的妈妈如果过去曾经照顾幼小的弟妹或担任过保姆，帮忙照看过小婴儿，累积了丰富的育儿经验，那么她在照顾自己的小孩时也会感到很快乐，对自己的能力信心十足，知道如何处理常见的问题。

从二人世界到三人世界

不可避免的，新生命诞生将为妈妈带来生理上的改变，同时也为双亲带来情绪和生活方式的转变。第一胎出生时尤其如此。持续不断地照顾无助的小生命，是非常累人的经验，家人间的关系也面临重大考验。原本的二人世界现在插进了第三个人，尽管妈妈努力维持与另一半的关系，但是现在和小宝宝的互动占据了她大半的时间。新生命诞生也为父亲的角色和责任带来了重大改变。从听到婴儿的第一声啼哭开始，父亲就常常为了家计而感到忧心焦虑。无论对父亲还是母亲而言，新生命诞生带来的兴奋感很快就被紧张的情绪所淹没——他们开始担心应该如何满足小宝宝的需求，维持彼此的关系，以及适应从二人世界到三人世界的新现实。

新手父母品尝过初为人父（或人母）的喜悦之后，伴随而来的是作家维奥斯特所说的"必然的失落感"：他们不能再独占与另一

半的关系，夫妻俩不能再一起参加许多活动，不能再每天与同事密切联系（因为必须留在家里陪小孩），必须改变深造计划和工作前景，收入上也会受损。父母面对的这些新改变和新责任，加上母亲体内荷尔蒙的变化，可能导致情绪波动得很厉害。

此外，可能还有其他的损失，例如丧失了选择的机会或独立性，感觉自己的期望没有得到满足；或对于生产的经验感到愤怒或不满意，但是却从来没有向人清楚表达过，直到日后才在照顾婴儿或与另一半相处时发泄出来；已经生过小孩的父母可能会感觉和其他孩子分离；新生命诞生可能会唤起对过去生产经验的痛苦回忆，因而引发愤怒或悲伤的情绪。如果父母一直没能克服曾经失去小孩的痛苦，那么夭折的婴儿所带来的愤怒、悲伤和期望，可能会混淆父母对新生命的感觉。新生命的诞生会为个人发展带来许多意外转变，如必须视自己为成年人，开始扮演父亲或母亲的角色，不能再理所当然地认为自己的父母永远会在背后提供支持，现在轮到自己去照顾上一代。年轻的父母可能会觉得两种相互冲突的需求不断拉锯，一方面他们需要表现得像个负责任的成年人，另一方面又需要寻求家人的协助和情绪上的支持。

全神贯注于小婴儿身上

不久以前，有一位研究生带着两个月大的孩子来做健康检查。她说："我不知道这是怎么回事。在别人眼里，我一直都是很有效率的学生，我总是能完成我的工作，同时还做一些研究。我的指导教授在产前要求我负责部分的研究报告，我原本就只计划产后在家里照顾小孩两个月，所以当时我说，'没问题，我应该可以很轻松地写完报告。'小宝宝长得很好，也没有生病。但是再过三天，就满两个月了，而我还抽不出时间工作，我的报告连一个字都还没写。"

威尼考特指出，在婴儿出生前后，母亲会处于一种特别的精神状态，对小宝宝的需求特别敏感，也格外关注。这种精神状态在怀孕末期开始出现，然后持续几个星期，直到婴儿出生。为了发展和维持这种全神贯注于新生命的状态，母亲需要得到充分的支持、照顾和呵护。

母亲这种全神贯注于婴儿身上的特殊状态，是建立亲子紧密联系的重要过程。威尼考特写道："唯有当母亲像我所描述的这么敏感时，她才能设身处地为婴儿着想，满足婴儿的需求。"从第四章和第五章的许多例子中，我们看到母亲如何高度敏感地察觉婴儿发出的微妙信号。我们在第七章也将会看到，无论是脆弱的早产儿还是健壮的足月婴儿，都会出现同样情况。

威尼考特曾经形容母亲如何通过情感和身体的拥抱向婴儿表达爱意，"拥抱的环境"对小孩的身心发展都非常重要。他觉得如果女人能因担任母职而受到肯定，并且获得充分的支持与照顾时，就能发展出这样的能力。

女人在怀孕的最初三个月，由于荷尔蒙的影响，经常昏昏欲睡，很容易觉得疲倦，结果她会花较长的时间休息，因而为胎儿在器官形成的关键时期提供适合发展的良好环境。女人在产后几个星期中，荷尔蒙的变化和"母亲全神贯注"的状态也能提高她的敏感度，充分满足新生儿的需求。由于母亲在这段时间太过投入育婴的工作，通常她们都无法好好执行其他工作（例如研究生应该撰写的报告）。

女人生下小孩后，心智状态仿佛回到幼年时期。童年的回忆可能让她觉得特别需要别人的呵护。刚当上妈妈的女人有一部分因为这种心理退化的现象而特别需要安全感，需要别人支持她、照顾她。如果需求无法获得满足，她可能会感到被遗弃，觉得寂寞，没有安全感。在我们的文化中，丈夫的支持对于母亲很重要，但是在这个时期，当爸爸的其实也有同样的需求。即使在婴儿出生后，父母仍然需要获得情绪上和实际有效的支持。

夫妻俩相互扶持

虽然社会一直在改变，但是我们比较同意威尼考特的看法，认为父母的角色是不能互换的。威尼考特表示，父亲"能为母亲提供适度的空间。当母亲受到妥善保护时，她可以不必直接面对外在环境，因为在产后这段时期，母亲最渴望的是专心关照怀里的小婴儿。妈妈把全部心思都放在小婴儿身上的时间不会维持太久。母亲和婴儿之间的情感联系在开始的时候非常强烈，因此我们必须尽一切努力，让母亲在这段时期全神贯注于小宝宝身上"。

下面的案例充分显示了在新时代中，由于关系和角色都不同于以往，人们需要面对各种各样的复杂情境。有一对专业人士在孩子出生之前规划了共同照顾婴儿的计划，父亲参与了整个生产过程，母亲也开始喂母乳。但后来父亲却有点愤愤不平，他抱怨他的角色只不过是做些照顾婴儿的"杂务"，例如帮婴儿换尿片、穿衣服和洗澡，而妻子却能享受到喂奶的乐趣，这是他无法办到的事。另一方面，妻子说，她所能做的唯有"喂奶"而已，而丈夫却可以享受到替婴儿换尿片、洗澡，照顾婴儿的其他种种乐趣。经过深入讨论他们才明白，夫妻俩一直在相互竞争，看谁的工作最辛苦，谁享受到最多的乐趣。在他们了解到父母的角色都同样重要，而且在任何情况下都具有无法衡量的价值后，他们才能把原先的不满一笑置之。

当父母努力共同抚育小孩时，第二个小孩来临，可能为家庭带来不同的压力。在我们遇到的另外一个例子里，父母共同担负起照顾第一个小孩的责任。当第二个小孩依照计划来到世上时，妈妈期待丈夫像过去一样投入。但是，这时候父亲的工作压力愈来愈大，他觉得在原本已经排得满满的时间表上，再加上照顾新生儿的责任会令他难以负荷，同时他还得拨出时间陪伴还在学步的老大。依照夫妻俩的规划，父亲应该负责在每次妈妈喂完奶后安抚婴儿，并且逗他玩，直到下一次喂奶或孩子睡着为止。这位父亲开始不确定婴儿哭闹到底是因为肚子饿还是只不过想要大人抱抱他，他很讨厌每次都必须自己做决定。由于他和第一个孩子非常投合，妻子无法了解为什么他带第二个孩子时会碰到这么多麻烦，她开始觉得丈夫比较排斥老二。当他们开始讨论当前的状况时，显然做先生的不觉得他能坦白抱怨负担太重，因为只要他一抱怨，妻子一定就会觉得他不爱她或感到自己不是个好母亲。结果这变成一个禁忌的话题，他无法明白告诉妻子照顾老二需要耗费多少时间，以及他带孩子带得多么吃力。一旦他设法坦白沟通自己的感觉，夫妻俩就有办法顺利解决问题。这些问题看起来都是小问题，但是父母之间常常会出现这类分歧，而且可能造成夫妻关系中的裂痕。开诚布公地讨论才能解决问题。

父亲还需要扮演一个非常重要的角色，就是担任家人和外界的桥梁。我们一再观察到，如果母亲受到充分的保护和照顾，当婴儿

6

新生命诞生的头几天和头几个星期

睡着时，她也可以补眠，不会过度劳累或精疲力竭，那么产后照顾小宝宝的过程也大多会相当平顺。如果亲戚朋友络绎不绝地探访，需要招呼亲友吃饭，陪着聊天，反而会让当妈妈的人疲惫不堪。她需要忙进忙出，准备点心招待前来探访的亲友，亲友有时候待到很晚，然后就各自回家睡觉，而当妈妈的这时候却才展开夜晚照顾婴儿的工作。有时候礼貌周到是必要的，但在产后这段时间，礼貌周到却会造成母亲的不安。在这种情况下，父亲应该担当起把关的重任。他可以在电话中告诉亲友，妻子经常需要半夜起床喂奶，现在正在补眠，因此稍后才能回电。当门铃响时，他也可以告诉不速之客，如果他们可以几天后再来探访，而且只待一小段时间，会比较好。如果觉得当时的情况似乎不太适合这么说，那么我们会建议他请访客进来坐坐，但是告诉他们，妻子恐怕只能进来打声招呼。这种做法听起来似乎有点无情，但是夫妻俩可以先定下基本原则，再视访客的特殊情况和母亲的状况而调整做法。先生可以先和太太沟通她希望的做法，同时也明白很多时候可能需要视情况作出调整，通常要根据小宝宝的睡眠习惯和喂奶情况而定。

刚当上父母的人要忍受育婴的疲劳、角色和工作的转变，以及照顾孩子对饮食、睡眠习惯、性生活和社交活动的干扰。因此夫妻双方都必须尽量抱着体谅的心，相互扶持，加强沟通。一般人很难想象，当小宝宝的喂奶时间和其他需求完全不遵照正常的日夜作息时，父母会多么疲累。父母轮流守夜，可以有一点帮助，但同样重要的是，应该坦白说出自己的感觉。父亲必须明白母亲在产后身心俱疲的状态。如果夫妻俩在孩子出生前就沟通清楚，对于如何养育孩子有相同的观念，或如果父亲真心想要这个孩子，这类父母通常可以表现得最好。如果父母的想法有冲突，不妨尝试和客观的第三者（例如咨商人员或其他专业人士）讨论他们的感觉和分歧。

父亲的需求有时候也和他们的童年经验息息相关。有一位父亲表示他不觉得自己和小宝宝很亲近，也不觉得自己有能力照顾小婴儿。他透露自己从小在寄养家庭长大，从来没有见过亲生父亲。等到自己当上父亲时，他缺乏可以效法的榜样，需要通过别人的鼓励，帮助他挖掘出天生的父爱。结果，他在不知不觉中早已慈爱地对小宝宝有所回应。当我们进行布瑞佐登新生儿行为评估时，他发现了孩子灵活的反应，也从中找到了当爸爸的信心和乐趣。在评估过程中，他看到小宝宝听到声音会转头，也会以视线追随父亲的脸孔，还看到小宝宝会对他有反应，也会主动吸引他的注意。如今他和小宝宝之间的微妙互动开始一步步填补起童年经验留下的空白，也治疗了他的创伤。

有这种感觉的父亲通常都可以从由父亲组成的支持团体中获得帮助，就好像母亲的团体一样，父母可以在团体中分享彼此的感觉、忧虑以及和小宝宝互动的方法。

不切实际的期望

在现代医院忙乱的环境中，母亲全神贯注于婴儿时所展现的高度敏感，有时候会被医护人员误认为是过度焦虑。等到父母带着新生儿回家的时候，他们仍然没有充分体认这段时期的重要性。母亲往往期望自己是个完美的母亲，能够像平常一样，兼顾工作、生活和照顾婴儿。而父亲也希望妻子能尽快回归正常的生活轨道，像往常一样上班、料理家务和维护夫妻关系。当情况的发展不如预期时，当妈妈的可能禁不住产生罪恶感，而当爸爸的则不假辞色，吹毛求疵。以下的例子可以显示刚当妈妈的人会如何严苛地要求自己表现得尽善尽美。有一位极富创意的老师在一家忙碌的托儿中心任职，她胜任工作，轻松愉快，也能兼顾家庭。但是如今才刚当上妈妈，她就觉得快受不了了。她开始认为自己不是个好妈妈，加上生产时会阴伤口的疼痛还未消除，这些感觉都让她无法充分发挥平时的能力。由于另一半还在半工半读，她选择留在家里照顾小婴儿和喂母乳。她原本以为自己会游刃有余，如今感觉却这么糟，连自己都觉得很难为情。在这种情况下，她感觉自己不再是过去那个干练的职业妇女。其实她需要接受现实，自己再也无法（也不需要）像过去那样，凡事都要求尽善尽美。但是对她而言，这不是一件容易的事，因为她一向对自己有很高的期许。当她的角色转变为照顾婴儿的母亲时，她还是不习惯向别人求助。在讨论目前的困境时，她才体会到：她需要给自己一点时间适应，一方面为丧失过去的身份而哀悼，另一方面学习如何向另一半救助及接受帮助，并且接触其他有相同处境的父母和朋友，了解这样的感觉是很正常的，自己并不孤单。和其他妈妈谈话的时候，她才明白初为人母的女性刚开始都会觉得受不了，不切实际的期望也是大家共同碰到的问题，在职场上一向精明干练、高效率的女性尤其容易碰到这个问题。婴儿的起居作息并不会遵循任何时间规律。只要有短暂的机会讨论自己的处境，讲清楚自己的感觉，这位母亲就能够重新思考自己的处境，设法排除不切实际的期望，避免陷入忧郁的情绪中。

许多妇女在当妈妈以后，都再也无法像过去一样，轻松自在地把每一件事情处理得好好的。这时候，她们都会觉得很沮丧，怀疑自己有没有可能再回归正常生活。有时候，当妈妈的人会怀疑自己是不是真的还想回去上班："我这么爱小宝宝，我永远也不想离开他。我还会想回去上班吗？"有的人甚至告诉我们，她们刻意不要和孩子建立太过紧密的关系，因为她们知道自己很快就得回去上班；或是因为生完上一胎以后，当她们得回学校继续学业或重返职场时，曾经体验过极度悲伤、沮丧的反应，她们不愿意再经历一次这么痛苦的情感折磨。

当我们试图了解母亲的身心需求与社会文化对她的要求之间有哪些冲突时，我们通常观察到两种形态：第一种常见的情况是，许多母亲必须靠工作来维持家计，或达到自己的专业目标、个人目标。因此，尽管法律规定雇主必须容许员工休三个月的产假，她们可能觉得不得不放弃部分育婴假。由于工作或学业上的要求，她们对于喂母乳非常犹豫，或是喂了一两个月母乳后就希望停止。另外则有一些处于同样情况的母亲在回去上班或求学后，仍然设法继续喂母乳，结果她们发现喂母乳能增进她们与婴儿之间的紧密联系。

第二种常见的情况是，许多母亲原本计划休两三个月产假，但是她们后来太眷恋与小宝宝在一起的时光，决定把育婴假延长为六个月或六个月以上。她们可能会说："我或许因此今年没办法毕业或加薪，但是我无法忍受离开小宝宝的感觉。"这些母亲在返回职场之前，已经和孩子建立起健康而牢不可破的关系。事实上，当她们日后必须离开小宝宝返回职场时，这种紧密关系反而能帮助她们顺利适应，因为她们对亲子间的紧密联系已经有充分的信心。如果因为期望自己在家里或职场上都表现得十全十美，因而不敢和孩子发展紧密的关系，结果这种情感上的冲突反而可能一直延续下去。

产后忧郁症

我们必须区分正常的"产后忧愁"和真正的忧郁症。我们在前面提过的产后忧愁，特征是新生儿的母亲通常在产后二到五天，会有一小段时间情绪不稳，有八九成的新手妈妈会出现这种情况。反之，"产后忧郁症"则通常在产后四到八周出现（但有时候婴儿出生一年内，母亲都有可能出现这些症状），还可能持续一年以上的时间。刚当上妈妈的人有10%到16%有可能出现产后忧郁的症状。过去，出现这些症状的母亲很少向医生求助，其实严重的产后忧郁症患者需要住院治疗，但是演变为产后精神病的情况非常少见。

产后忧郁症的症状非常广泛，包括易怒，经常哭泣，感觉无助和无望，无精打采，提不起劲做任何事，对性关系缺乏兴趣，食欲不振，睡不稳，觉得自己没有能力应付新的要求。此外，这类母亲通常对婴儿的健康状况感到非常焦虑，即使医生和护士再三保证一切没有问题，仍然没有用。有些妈妈显现的症状是对婴儿缺乏关爱，同时会强烈自责，也有很深的罪恶感。产后忧郁症的原因有一部分和期望有关，有的母亲可能很担心自己无法符合理想母亲的形象。深受产后忧郁症所苦的母亲也可能出现其他身心症状，例如头痛、背痛、肚子痛，出现阴道分泌物，但却找不出生理原因。轻微出现这些现象都算是正常现象，许多因为辛苦照顾婴儿而睡眠不足的母亲可能发现自己或多或少会出现一部分症状。但是如果许多症状都同时出现，而且持续了好几个星期，那么就需要寻求协助。如果及早诊断治疗，罹患产后忧郁症的母亲复原的情况通常很好。如果延误就医的时间过长，忧郁症就可能长时间持续下去。治疗产后忧郁症通常都只需要短期的心理治疗。只要有人可以谈谈，通常就对于疏解症状有极大的帮助。药物治疗可能对某些患者很有用，不过这完全要视个人情况而定。如果产后忧郁的症状十分严重，而且一直没有减轻，那么就需要药物治疗，甚至住院一段时间。

以下的案例是典型的产后忧郁症情况，我们姑且称这位母亲为艾米好了。有人介绍艾米来我们这里做心理治疗，因为她一直为六个月大的孩子感到非常焦虑。但是健康检查的结果显示小婴儿很健康。当艾米开始谈她的孩子时，她不断哭泣，描述过去一个月来自己的状况：她感到非常悲伤和焦虑，没有办法从事任何正常活动，也无法入睡，对于夫妻关系毫无兴趣。她发现自己完全没有办法离开小宝宝，即使只离开一小段时间，她都担心小宝宝会感到伤心。但是她同时也觉得由于需要一直照顾小宝宝，自己简直寸步不能离。她一面述说自己的感觉，同时也领悟到自己对丈夫的怨气，因为她觉得没有从丈夫那里得到应有的支持。她的丈夫认为母亲最懂得怎么照顾小婴儿，因此一心想等到孩子长大一点时再多参与一点。艾米原本打算这时候要回去上班，但是却发现她现在不敢把孩子托付给任何人。

随着艾米的述说，情况也愈来愈清楚。她的感觉和症状已经持续了好几个星期，她显然得了产后忧郁症。有人聆听她说话，了解她的感觉之后，艾米事实上已经踏出治疗的第一步。同时这段讨论过程也会帮助她了解产后忧郁症的状况，知道出现产后忧郁是正常的现象。知道自己并没有"发疯"，产后忧郁是可以治疗的问题，同时她可以采取许多做法来减轻这些症状，她感到安心许多。

我们协助艾米设法重新安排生活作息，多花一些时间照顾自己，设定优先顺序，学习放松和疏解压力的方法。她必须认清严重的自责

和自我批评，还有老是为婴儿的状况而忧心忡忡所造成的恶性循环，都是产后忧郁症患者常见的症状。我们鼓励她承认自己愤怒的情绪，同时把怒气表达出来。在心理治疗过程中，她明白由于丈夫一直没有帮忙照顾小孩，她感到失望和愤怒。但是她一直压抑自己的感觉，因为不想惹丈夫不快。她把这些感觉深藏在内心，结果变得和自己过不去。更进一步探讨之后，她愈来愈清楚，她的母亲过去也曾经历过产后忧郁，而她某种程度把母亲的经验内化了，等到自己生小孩时，又重新触动了这种反应方式。在进行个别治疗时，她需要克服忧郁症本身的悲伤、失落和创伤，以及面对过去一直没有解决的问题。在丈夫的协助之下，加上参与了产后忧郁症患者的团体，艾米得到了她所需要的支持力量。她在几个月内恢复了正常生活，学会了因应问题的新技巧，同时也更加肯定自己的价值。

许多研究都显示，如果产妇自己曾经有过精神问题或家族史中有过这方面的问题，那么她得产后忧郁症的几率就会比较高。不过心理因素也非常重要，不愉快的人生经验或长期累积的问题，例如丧亲之痛、失业、收入不足、对住所不满意，或得不到亲友的支持，都会让初为人母者感到陷入困境，无法改变自己的处境。生产的经验可能会唤起她失去母亲的悲伤回忆，或勾起与母亲间的不快，或记起在幼年与双亲分离的记忆。有过这些经验的妇女都比较容易在产后感到忧郁。无法和丈夫或密友坦白吐露心事，也是造成产后忧郁症的原因之一。女性常常觉得告诉别人自己心情不好，是很难为情的事。对今天的母亲而言，寂寞、孤单和缺乏支持的力量是很严重的问题，尤其是今天身为母亲的理想和现实之间，其实存在着很大的落差。

母亲产后忧郁可能对新生儿产生严重的影响。许多研究都显示，母亲的忧郁症和孩子日后的发展问题（包括行为异常、身体不健康、缺乏安全感、出现忧郁症状等）具有关联性。产后忧郁的症状，包括易怒、焦虑、注意力不集中和情绪低落等，都会影响人际关系，尤其会影响母亲和新生儿之间尚在发展中的关系。

婴儿对成人注意力的品质非常敏感。如果正常的母婴沟通过程受到干扰，即使只是短暂的干扰，婴儿都会出现忧伤和逃避的反应。波士顿儿童医学中心曾经精心设计了一些戏剧化的实验，要求母亲在三四个月大的婴儿面前面容僵硬，毫无反应，也没有表情，结果可以看到婴儿出现戏剧性的变化。最初一两分钟，婴儿会微笑、挥手，拼命想引起妈妈的反应。试了几次，都徒劳无功之后，婴儿显得十分泄气，而且通常开始吐口水。三四分钟后，他们整个人萎靡不振，垂头丧气。实验的时间非常短，而且随后这些婴儿立刻得到妈妈温暖的拥抱，但是可以明显看出，妈妈犹豫和缺乏反应可能会影响婴儿的正常发展。

治疗产后忧郁也必须同时关注母婴关系以及婴儿出现的任何症状。因为最重要的仍然是预防，必须以早期诊断为目标。有一项研究为忧郁母亲的十八个月大婴儿进行发展检测，结果发现这些婴儿的表现远逊于妈妈没有罹患产后忧郁症的婴儿。当母亲在产后出现忧郁症状时，她们的婴儿在十八个月大时对亲子关系会表现得比较没有安全感。我们必须强调，母亲的问题往往会演变为婴儿的问题，例如时常哭闹、吐口水、喂食困难等。

因此，认识产后忧郁症不但对于了解和治疗母亲的问题非常重要，而且也因为产后忧郁会对母婴关系产生负面影响，危及孩子的学习、社会和情绪方面的发展。要避免这类负面效应，最好的办法就是预防母亲产后忧郁，而最重要的预防方式就是提供充分的社会支持。

我们的建议

（1）预先规划。理想上，在婴儿出世前，应该先为父亲、母亲和整个家庭预先规划好支持系统。许多父母发现，由于工作状况、怀孕的不适和某些有关生产的不确定因素，他们很难事先就做好妥善安排。不幸的是，在短短几天的住院期间，新手父母根本没有足够的时间做好重要的安排以获得足够的支持。

（2）好好呵护产后的母亲。要为新生儿的母亲在产后提供协助，并且至少在三四个星期内帮助产后的母亲在受呵护的环境下与婴儿建立良好的互动关系和喂奶规律。

（3）产后协助。今天，许多丈夫都会预先安排一两个星期休假，以协助刚开始育婴的母亲，但是另一半处理家务的能力则因人而异。即使产妇的母亲或婆婆住得很远，她们或许仍然可以来帮忙几天。如果她们能请一个月假前来帮忙，则可发挥最好的效果，但是许多中年妇女都是职业妇女，所以她们几乎不可能这样做。当婴儿的母亲睡觉时，她的丈夫、姊妹、母亲、婆婆或朋友所提供的支持（无论是煮饭、打扫，还是照顾婴儿）就很重要，即使只能帮忙一个星期都好。但是时间这么短，确实不足以让产后的妈妈感觉受到充分呵护，也不足以让她觉得能全心投入育婴工作，好好认识小宝宝。我们极力鼓励准父母预先安排好产后家里的帮手。无论是十几岁的少女还是年纪大一点的妇女，只要她们能够一个星期来个三五天，每次帮忙三个小时，就已经能大幅改善新生儿和父母的生活品质。许多证据都显示，如果能在这段非常时期获得充分的支持与协助，就会大幅降低母亲感觉忧郁的几率。美国许多城市都可以通过产后照顾服务协会，获得有关产后照顾的资讯。

（4）新生儿的父亲也需要得到充分支持。就好像在产妇分娩过程中，陪产士除了照顾产妇，还需要鼓励她的先生提供情绪上的支持，教他如何协助妻子顺利度过生产过程一样；同理，产妇出院后，无论在家里帮忙的是亲戚、朋友还是陪产士，他们都应该同时关照新生儿父母的情况与他们之间的关系。

（5）如果小宝宝诞生于单亲家庭，将会需要更多的协助。如果单亲妈妈和家人关系很好，家人可以给予她充分的支持，或许她可以平稳度过新生儿出生的头几个星期。但是，如果一切都要靠自己，或是与家人的住处相隔甚远或彼此关系疏远，那么为了母亲、婴儿及母婴关系着想，其他人的帮助非常需要。

（6）喂母乳方面的协助。由于产妇住院期缩短，妇产科医院也缩减了有关喂母乳的教育和协助，因此母亲显然需要额外的服务。大多数社区都有很多妇女曾经成功地哺喂母乳，她们应该能给予新手妈妈充分的支持和协助。美国许多社区也都有哺乳顾问，许多准妈妈会在孩子出生前就拜访哺乳顾问，一方面预防未来可能发生的问题，另一方面一旦发生紧急状况知道可以打电话向谁求救。通常在哺乳顾问探访几次之后，原本几乎要终止喂母乳的妈妈，后来都可以从喂母乳的经验中得到莫大满足。

（7）婴儿啼哭。当婴儿啼哭成为父母的压力时，把婴儿放在婴儿背袋中，带着他到处走走，可能会有帮助。研究显示，如果把三个星期大的婴儿分为两组，在其中一组婴儿不哭，而且也无需喂奶的时候，大人每天会把他们放在背袋中，多背他们三个小时，另外一组则不会多背这三个小时，那么前者哭泣的时间会比后者少50%（尤其是夜间啼哭减少许多）。研究证明，在婴儿刚出生的头三个月，能否减少哭闹的情况通常和是否让婴儿获得了较高的满足感有关。另外一项研究仔细观察了不同家庭中的婴儿后发现，如果母亲听到婴儿哭声后，在九十秒钟之内过去查看，那么婴儿的哭声很快就会停止。但是如果母亲超过九十秒钟之后才有所反应，那么就需要花比较长的时间来安抚婴儿，婴儿才会停止哭泣。

（8）父母团体。许多父母都从参与父母团体中获益不少——最常见的情况是母亲参与由母亲组成的团体，讨论在育婴上碰到的问题，同时也听听其他父母用什么方法来解决问题。

（9）父母的期望要切合实际情况。新生儿的父母不应该要求每一件事都像以前一样尽善尽美。我们常常提醒父母，要容许自己有时间休息，暂时放下家务或工作，有一小段时间出外散散心。

（10）刻意安排沟通的时间。新生儿的父母必须把夫妻关系放在第一位，相互坦诚沟通，经常一起讨论彼此的感觉和需求。订下"五分钟原则"可能会有帮助，也就是说，每天晚上，夫妻俩都要花五分钟谈谈自己当天的感想和担心的事情，另一半则专心聆听。五分钟后，谈话者和聆听者再互换角色。这个时间是用来支持性的聆听，而不是用来批评、分析或是提出劝告。

（11）学习放松技巧。学习放松技巧和压力管理很有用。对某些父母而言，想象、静坐冥想和放松呼吸的技巧都有帮助，其他人则宁可借着运动来减轻压力。生理和心理放松过程（例如想象和自我催眠）对于消除日常紧张有很大帮助。一个人不可能同时既放松，又紧张。

7

早产儿

当我们开始研究早产儿的父母如何和昏昏欲睡,难以预测又格外脆弱的婴儿建立关系时,我们注意到他们在许多方面都需要调整,也面对着共同的问题。近年来,我们愈来愈了解当父母生下了早产儿或有病的婴儿后,也面对着共同的问题。被送入加护病房时,他们所面对的情况是多么复杂混乱。本章试图说明医护人员和心理学家创新的做法如何打破了加护病房的藩篱,让父母和早产儿建立起亲密的关系。

早产儿的父母第一次和亲生骨肉见面的场景,往往不像他们预期的那么愉快:育婴室中一片忙乱,周遭都是忧心忡忡、工作过量的医护人员,以及手足无措的父母和重病的婴儿。然而由于新生儿照护出现了许多新的做法,加上医护人员渴望应用最新的观念来照顾早产儿和他们的家人,今天的早产儿育婴室比过去人性化许多。同时,研究人员对于早产儿的发展能力和特性,以及他们回家后与家人的互动，也愈来愈感兴趣。

此外，医疗界也大幅提高了极端瘦小早产儿的存活率，改善了生活品质。采用现代化的早产儿照护技巧之后——包括早期流质补充及营养管理、必要时的特殊呼吸照护，以及严密监控氧气、环境温度、呼吸和心跳速率等，体重1.6千克以上的早产儿几乎都能和足月婴儿一样健康成长。近年来产科技术和新生儿照护技巧突飞猛进，即使是非常瘦小、出生时体重不足的早产儿，其身体素质都逐渐得到提高。例如，在过去八到十年中，在理想的医院环境中，出生时只有一两千克的小婴儿一旦存活下来，大约85%到90%都不会出现重大身心残障。

甚至连非常不成熟的早产儿（只有0.7千克到0.9千克重），情况都有大幅改善。只要采用肺表面张力素、现代呼吸治疗技术，并以静脉注射供给早产儿大部分的营养，那么有65%到90%的婴儿都可以存活下来。如果早产儿出生时，体重介于1.13千克到1.6千克之间，那么存活率大约在94%左右；体重在0.7千克到1.13千克的早产儿，存活率为65%到85%；体重为0.45千克到0.7千克的早产儿，则存活率只有30%到50%。新生儿专家和其他早产儿医护人员现在乐观地认为，只要早产儿在出生前、出生时和出生后受到细心照护，那么体重超过0.9千克的早产儿有九成的希望可以健康地存活下来，因此为早产儿的父母提供心理上的支持就格外重要。

父母的第一个反应

首先，父母最关心的是婴儿能否存活下来。由于罪恶感作祟，他们十分焦虑不安，担心是不是因为自己在怀孕期间做了什么事情或没做什么事而影响了胎儿，导致胎儿早产。多年前，医院还不准许父母到育婴室探视早产儿，有一位感觉敏锐的照护者就主张早产儿一出生就应该尽早让妈妈探视，以便"减少她们脑海中可怕的幻想，帮助她们开始因应任何可能的'情感延滞'现象"。他为"情感延滞"下的定义是妈妈刚开始接触早产儿时表现出来的疏离感。事实上，这种"无法体会到原本期望中的温暖母爱"的情形不只会发生在早产儿的母亲身上，当母亲没有机会和足月出生的婴儿亲密接触时，也同样会出现这种情况。

其他人则认为，母亲生下早产儿后的反应其实是一种创伤后的激烈反应。这一派学者把孕妇早产当做危机，视为"暂时的不安或行为失常，无法表现出适当的反应"，生下早产儿的高度压力也可能受到父母既有人格特质的制约。

一位母亲在婴儿出生几小时后对我们说的话代表了许多早产儿母亲共同的心声："我真的非常震惊。整个人筋疲力尽，又一直看不到我的小宝宝，我满脑子只想着：'我的小宝宝病得很严重，他们要把她抱走了。'我真的很害怕她不能活太久。我准备冲到育婴室去。你知道生产后他们不希望你立刻下床走动，你应该要放松自己休息一下。我一下床，护士就走进来说：'你不能下床走动。'我说：'那么你就得推个轮椅来，因为我要到那边去看看我的小宝宝，他们把她抱走了。'所以他们带我去育婴室，小宝宝看起来糟透了，我心里想：'可怜的小宝宝。'"

由于今天许多医院都允许父母进早产儿特别照护病房探视小孩，医护人员也试图探讨进入特殊病房对父母有什么意义。人类学家纽曼列出了几个关键问题：当婴儿出生后完全由别人照顾，或大部分时间都由别人照顾时，父母的角色是什么？在加护病房的紧张

7

早产儿

109

气氛中，父母如何面对周遭婴儿可能发生的悲剧，以及自己孩子未知的命运？

纽曼运用了人类学的研究方法，注意到不同的家庭之间，甚至同一个家庭中，每个人对早产儿所带来的压力有不同的因应和适应方式。其中一种因应方式是"投入"，热情参与照顾早产儿；另一种因应方式是"保持距离"，依赖专家的照顾，在尚未完全接纳存活下来的早产儿之前，表达出害怕、焦虑的情绪，甚至表现出拒绝接受的反应。

早产儿的家人会受到超乎寻常的压力。"对这些父母而言，时间似乎一方面悄悄流逝，另一方面又静止不变。他们的工作和生活作息都被打乱了，这些在危机中快发狂的父母感到困惑、焦虑和极度疲累，简直无法理解到底发生了什么事。

适应早产儿的诞生

我们早先曾经提到，生下了健康正常的新生儿之后，母亲必须调整心态，不能还一心想着理想婴儿的形象，而要接受实际生出来的小宝宝。当然，对于早产儿的父母而言，要调整心态就更加困难了。他们必须抛弃对理想婴儿的想象，接受眼前这个骨瘦如柴、苍白孱弱的小婴儿。由于早产儿的父母简直难以想象他们的小宝宝终究还是会成长为高大健壮、充满活力的正常的孩子，因此要接受小婴儿目前的外貌也就格外困难。

一般的母亲在探视早产儿时，身心都还没有做好准备，显得非常紧张不安。她们往往非常忧心宝宝的健康，怀疑小宝宝有什么异常状况，害怕别人会批评她生出一个脆弱、不完美、尚未足月的婴儿，也担心自己身上带有病菌，会伤害小宝宝。她走进早产儿育婴室这座灯光明亮，由不锈钢和玻璃窗建构而成的堡垒，室内充满了不熟悉的声音和味道，许多人在早产儿的保温箱之间匆匆来去，操作复杂的设备，花很长的时间在个别保温箱旁边来回踱步，停留检视。这些动作看起来都十分不祥，有一种高度紧张的气氛，即使来过好几次，他们仍然感到不安。直到医生告诉她们，小宝宝的情况日渐好转，或更好的消息是，她可以亲眼看到小宝宝，甚至可以摸摸他，当妈妈的才真的放下了心中的大石头。

　　每一次探视小宝宝的时候，医生都可能告诉妈妈又发现了什么新问题，而每一个新问题对早产儿的母亲而言都有锥心之痛。"需要依靠人工呼吸器的小婴儿活得下来吗？""她已经这么瘦小、这么脆弱了，还要这么辛苦地呼吸，她怎么受得了呢？""这么瘦小的婴儿有可能发育成正常身材的小孩或大人吗？""他们说的是实话吗？""我到底对这可怜的孩子做了什么事？"早产儿的父母必须能自由自在地对医生提出这些问题，表达他们的担忧，对医生给的答案也要有信心。所有参与照顾早产儿或患病婴儿的人每天都应该要彼此沟通。

　　举例来说，许多医院都会把特别瘦小或有病的婴儿转到有婴儿加护病房的医院。即使转院只是为了进一步观察新生儿胆红素过高的情况，在转院的时候，父母都会十分担心婴儿能不能活下去，因此需要给他们额外的支持。所以，我们在将婴儿转院以前，都会让父母亲和小婴儿见见面，简单地说明婴儿转院后会得到什么样的照顾。我们会要求父亲协助我们照顾小婴儿，让他觉得自己的角色非常重要。在这个阶段，家庭中有两个人需要他照顾——产后尚未复原的妻子（可能在同一所医院的另外一个病

7

早产儿

房，或在另外一所医院，或家里休养），以及在新生儿中心的孩子。除此之外，父亲有时候还要负责照顾家里的其他孩子。我们注意到，愈早让父亲进入状况，他愈能控制自己的焦虑。因此，我们会建议早产儿的父亲在探视妻子之前，先到早产儿加护病房和医护人员讨论小婴儿的状况，熟悉每天的例行照护工作。如此一来，他可以把最新的信息带给妻子，帮助妻子消除不必要的恐惧。如果他的妻子因为某种原因还在住院，那么探视妻子就更加重要，虽然在妻子可以和他一起来探视小婴儿之前，这位父亲可能一直都觉得自己两面备受煎熬。

在母亲第一次到育婴室探视小宝宝之前，我们会先描述小宝宝的样子，并且向她说明最近有许多研究都显示，在早产儿度过危险期后，只要摸摸小宝宝就能帮助孩子放松，改善他的呼吸和身体发育状况，加快体重增加的速度。因此，探视早产儿不但对母亲很重要，对小宝宝也同样重要。我们经常听到早产儿的母亲说，她们不敢碰触小宝宝，因为怕会伤了小宝宝，或把病菌传染给他。母亲会这么想的原因或许是她因为无法生下正常婴儿，而认为自己能力不足或不是个好妈妈。许多母亲也对专业护士太过尊敬，觉得自己远远比不上她们。母亲最好能了解自己的感觉，同时能表达这些感觉，但是同样重要的是，医生和护士应该对母亲担心的问题表示理解，帮助母亲建立自信心。当医护人员告诉母亲："你当然可以来育婴室，你给小宝宝的关心和照顾是很特别的。"他们其实想让她知道，他们认为她是一个好人，而且能为小宝宝带来健康和重要的影响。

母亲如果迟迟未能探视小宝宝，她等得愈久，就有愈多时间胡思乱想，认为所有可怕的想象都是真的。如果她能早一点看到小宝宝，就能很快调整原先的想象，接受小宝宝的身体状况。第一次看到早产儿，对任何母亲而言，都不是容易的事，不愉快的经验中夹杂着许多担心的问题。如果母亲觉得全身软弱无力，千万不要因此感到尴尬或惊恐。如果母亲能够面对小宝宝的困境，愿意讨论早产儿的问题，克服自己的罪恶感，那么她就能更快更妥善地因应问题。一旦早产儿的父母能以言语表达自己的感觉，他们就会逐渐和新生儿建立起紧密的联结。

　　以下是一位早产儿的母亲写给我们的信，她所吐露的早产儿育婴室经验生动描绘了母亲最初的反应：

　　当我看到一小群医生站在我旁边谈论我的小宝宝，但是却没有一个人抬头看看我时，我觉得很生气。所以我不再抬头望着他们，我不再期望他们会像对待平常人一样对待我。我试图学习他们的"规则"，但大半时间，他们都对我视而不见……我认为我对整个世界和在早产儿育婴室工作的所有人很生气，甚至连没有负责照顾约翰的人都惹我生气。他们全是一伙的，从我这里把小宝宝偷走，把他控制住。小宝宝的情况好不好，必须由他们来告诉我，他们说话的音调、语气、音量，都会影响我的福祉……我简直无法告诉你，在这样的灯光下，在仪器哗哗作响、充满敌意的环境里，而且我知道你有工作在身，我知道我一说又会花掉你几分钟时间……站在我的孩子被囚禁的小小塑胶床前，我简直无法告诉你，我的小宝宝在我眼中是个谜，他的样子像个小婴儿，但是身体里面却似乎有什么不对劲，可能有严重而神秘的肠道疾病……我简直无法告诉你，我多么害怕我的孩子会死在这个不安全的地方，因为这会让我太过伤心，我现在不想有这样的感觉。

7

早产儿

但是我什么都不必说，要是她（护士）把手放在我的肩膀上说几句话，例如："对你来说，这段时间一定很难熬。"她只需要这么做，表示能了解我的感觉，这样就帮了很大的忙。

早产儿的个别需求

当胎儿还在母亲子宫中发育的几个月中，他们受到充分保护，不会受外界环境剧烈变动的影响，悬浮在羊水中的胎儿也没有重量。心理学家艾尔斯和其他学者为了减少育婴室的环境干扰，发展出一种针对每个早产儿的不同情况提供个别照护的方式。婴儿刚出生的头几天，他们就为婴儿进行详细检查，并且根据检查结果拟定个别照护计划。唯有在完成了详细的早产儿行为评估后，他们才根据个别情况，调整灯光、声音、位置和拟定特殊照护计划。针对体重特别轻、风险高的早产儿个别需求所拟定的特殊照顾计划，将婴儿的行为需求和环境需求都纳入考虑范围，对于早产儿早日恢复健康有很大的帮助。

研究人员观察到，在利用这种方式进行的两个随机实验中，接受个别行为管理的婴儿使用呼吸器和补充氧气的天数都大幅减少，平均每天清醒的时间增加，比一般早产儿提早好几天出院，同时也较少发生内出血。这些婴儿出院后的行为发展比较正常，他们的父母也比较能够感觉到他们的需求，也能比较愉快地和他们互动。如果早产儿比较有反应，通常父母也会比较容易适应生下早产儿的情况。随着婴儿成长发育，父母在观察早产儿和协助护士发展照护计划的过程中也获益良多。

对于生理情况稳定的健康婴儿来说，感官刺激对神经系统的发展和身体发育都很重要。如果早产儿在医院育婴室中的这段时期，大人每天都能碰触、抚摸、轻摇、拥抱瘦小的早产儿，或对他说话，那么或许可以减少早产儿暂停呼吸的次数，促进体重增加和脑部某部分功能发展，甚至在出院后几个月仍然发挥不错的功效。

即使只是连续两个星期，每个小时爱抚早产儿五分钟，都能改变婴儿的肠道蠕动，以及啼哭、活动和发育情况。每天为早产儿按摩三次，每次十五分钟，也能减少其紧张的行为。小宝宝因此能在布瑞佐登行为评估量表上展现优异的成绩，更重要的是在婴儿八个月大的发展评估上也能有优异表现。

拟定早产儿育婴计划时，最困难也最重要的问题是，提供的刺激究竟对婴儿有益还是有害。由于可能会出现过度刺激未成熟神经系统的危险，所有的刺激都必须适合早产儿的发展状况和个别需求。

早产儿住在加护病房的期间，究竟母亲能够在照顾小宝宝的过程中参与多少，显然会大大影响亲子关系。我们十分佩服某些护士的巧思，他们设计了一些方法，让小宝宝可以躺在妈妈怀中接受鼻胃管喂食。他们把滴管别在妈妈的袍子上，因此妈妈可以把小宝宝抱在怀中，直到食物完全进入婴儿的胃中为止。我们曾经看到护士在小宝宝的床边贴上字条，上边写着："一点钟的喂食请等我妈妈来了再说，她会来喂我。我真高兴可以看到她！苏西。"

有关婴儿发展的研究显示，根据婴儿的反应而给予刺激或许有助于婴儿的发展。因此我们建议，早产儿的母亲应该像对待正常婴儿一样，即使早产儿还在住院，仍然尽量和早产儿说说话，拥抱抚摸他们。

出生时体重不到一千克重的班杰明就是个很好的例子，说明了

7

早产儿

持续给予这类刺激的重要性。

班杰明是个发育极不成熟的早产儿，看起来十分孱弱，经常会暂时停止呼吸，他的母亲也很清楚这种情况。了解刺激的重要性之后，班杰明的母亲每天一大早就来到医院，一直待到中午才离开，然后吃过午饭又回来，直到六点钟丈夫下班为止。她会细心地根据班杰明的情况调整做法，不停地和班杰明说话并爱抚他。她渐渐在照顾和喂班杰明的工作上负起愈来愈多的责任。班杰明暂停呼吸的次数大幅减少，体重异常快速地增加，在医院和后来几个月的进步幅度都非常惊人。医护人员一再告诉班杰明的妈妈，班杰明之所以进步这么快，都是她的功劳——他们说的是真心话，因为班杰明的进步幅度明显超出了他们的预期。医护人员和班杰明的妈妈都知道，妈妈的贡献很大。因为连续好几天，班杰明在夜晚经常会暂停呼吸，但是白天妈妈陪着他的时候，却几乎从来不会出现这个毛病。这位母亲能够和小宝宝建立良好的互动，通过说话和抚摸传达信息给她的孩子，同时也接收到孩子回复的信息，例如活动力增强或张开眼睛等。

包括哥尔斯基和布瑞佐登在内，好几位研究早产儿的学者都注意到，当早产儿的注意力和目光的焦点完全投注于某个大人身上时，他可能因为太过专注忘了呼吸，因而脸色发青。所以，在还无法充分掌握早产儿的感官需求及耐受力之前，我们必须持续观察早产儿面对新鲜刺激时会出现什么反应。正如同艾尔斯为了因应早产儿的个别需求而调整周遭环境，也许未来我们也能解读早产儿发出的信号，帮助他们建构出更适合的环境。

许多研究都指出了早产儿照护的新方向，例如在其中一项研究中，隔离病房中的早产儿接触到"会呼吸"的泰迪熊时会有反应，而且相较于只接触到不会呼吸的泰迪熊的早产儿，前者也会花比较长的时间与泰迪熊接触。有趣的是，在婴儿出院八周后，曾经和会呼吸的泰迪熊在一起的早产儿每天安静睡眠的时间也比较长。英国的研究人员在早产儿住院的最后两个星期，在夜晚关掉其中一组婴儿的育婴室灯光，另一组婴儿的育婴室则整夜都亮着灯，结果展现了及早因应早产儿个别需求而调整环境所产生的戏剧性长期效果。两组婴儿的发展一直都很类似，直到婴儿出院五六个星期后才出现差异。住院最后两周灯光昼夜有别的那组婴儿，出院后每天的睡眠时间比另外一组婴儿多两个小时，每天喂奶需要花的时间则少一小时。出院三个月后，他们平均比育婴室中昼夜不分的那组婴儿重0.45千克。

及早接触利多于弊

就在不久之前，美国的医院甚至还不准父母进入早产儿育婴室。加州的斯坦福大学首先开始研究准许父母进入早产儿育婴室的可能性。研究人员怀疑早产儿的父母是否因为长期与住院婴儿分离而有强烈的被剥夺感。他们花了两年的时间，研究婴儿出生后不久就允许母亲进入育婴室的可行性，换句话说，当早产儿还在保温箱中，就让母亲进育婴室喂奶。他们观察了社会背景类似的三组母亲。第一组母亲在婴儿出生五天内，就可以进早产儿加护病房和孩子接触。第二组母亲在婴儿出生后二十一天内和小宝宝分开，只能隔着育婴室玻璃窗看看自己的孩子。第三组母亲生下的是足月的婴儿，她们在三天的住院期间能依照惯例在喂奶时接触到小宝宝。和母亲分开的婴儿体重增加到2.14千克时（年龄则从三周到十二周大不等），医生就会将他们转到另外一个育婴室，为出院做准备。在这段七到十天的时间内，母亲可以随心所欲地和婴儿在一起，想在育婴室中待多久都成，直到婴儿体重达到2.475千克时就可以出院了。当婴儿可以很轻松地吸吮母亲乳头时，医生就会鼓励母亲开始喂母乳。

起初由于担心早产儿受感染，准许母亲进入育婴室的想法遇到很大的阻力。妈妈获准待在育婴室的期间，为了评估潜在的危险性，研究人员每周都从婴儿肚脐、皮肤和皮孔，以及育婴室设备上采样做细菌培养，结果显示母亲进入育婴室并不会增加危险细菌的数量。事实上，呈现阳性反应的细菌数量在研究期间反而下降了。研究人员也观察到，早产儿的母亲比医护人员更常洗手，也洗得更干净彻底。

研究人员分别在三个阶段观察三组母亲与婴儿的互动：出院前、出院一周后以及出院一个月后。生下足月婴儿的母亲比较常对婴儿微笑，也比较会和婴儿有完全的接触。然而，与早产儿分开及有机会与早产儿接触的两组母亲，则没有明显的行为差异。不过与婴儿分开的母亲，如果生的是第一胎，则对照顾婴儿的自信心会不太足。

当母亲第一次获准进入育婴室碰触早产儿的时候，她们的典型反应都是先绕着保温箱走一圈，然后用指尖碰触婴儿的四肢。这些反应和足月婴儿的母亲很不一样，足月婴儿的母亲第一次探视婴儿时，离开前都已经会用手掌抚摸婴儿的身体。足月婴儿的母亲也比较常和婴儿面对面相互凝视。

有趣的是，在研究期间，能和早产儿接触的二十二位母亲中，只有一位离婚，而和早产儿分开的二十二位母亲中，却有五位离婚。值得注意的是，早产儿的父母加入这项研究的先决条件是，他们必须打算亲自抚养孩子。尽管如此，在于早产儿分开的那组，仍然有两对父母后来决定把孩子送给别人抚养，因为爸爸和妈妈都不想要孩子的监护权。

克利夫兰大学医院进行的一项研究把五十三位生下早产儿的母亲分为"早接触"和"晚接触"两组。"早接触"这组母亲在婴儿出生后一到五天，就获准进入育婴室照顾小宝宝。"晚接触"那组的母亲则得等到婴儿出生二十一天后才能进入育婴室。她们在最初三个星期内，只能隔着育婴室的玻璃窗看看自己的小孩。

研究人员在婴儿出院前和出院一个月后，都以影片记录两组母亲喂奶的状况。"早接触"的这组母亲在出院前拍摄的喂奶影片中，注视婴儿的时间显然比另外一组母亲多。在婴儿出院一个月后的喂奶影片中母亲注视婴儿的时间，与婴儿在四十二个月大时根据斯坦福 – 比奈智力测验所（Stanford-Binet test）测出的智商之间，出现发人深省的关联性。也就是说，较早与婴儿接触的母亲喂奶时注视婴儿的时间比较长，这些婴儿测出来的智商分数也比较高，"早接触"的这组孩子平均智商是99分，而"晚接触"的这组孩子平均只有85分。

两组研究人员都发现他们无法同时在育婴室进行"早接触"和"晚接触"的研究，因此他们都先花三个月进行"晚接触"的研究，然后再花三个月做"早接触"的研究，免得"晚接触"那组母亲看到另外一组母亲居然可以进入育婴室照顾小孩而感到不平。最后，两组研究都无法继续进行下去，必须终止，因为参与的护士觉得太痛苦了，有的护士甚至开始觉得不公平，因为没有让所有的母亲都及早接触到自己的孩子。无论如何，这两个研究都为准许父母

7

早产儿

进入早产儿育婴室开启了一扇门。

虽然现在许多医院都准许也鼓励父母进入早产儿加护病房，但是许多研究不断显示，大多数早产儿的父母看到孩子的时候都十分激动。虽然父母如此焦虑不安，他们仍然认为，能在早产儿加护病房接触到自己的孩子，是十分宝贵的机会。

随着高风险早产儿中心的发展，愈来愈多的母亲在产前就转院到附设有婴儿加护病房的医院。这样她们能够在产后不久就开始探视小宝宝，照顾自己的孩子，这对双亲都有很大的帮助，因为当爸爸的不必再分神照顾两个医院中的家人。当妈妈在产前就转到适当的医院时，婴儿的夭折率也比较低，因为有婴儿加护设施的医院通常也能为高风险婴儿提供更进步的早期照护。如果母亲在产前没有足够的时间转院，我们建议她在产后不久就设法转院。母亲能够及早抚摸和拥抱婴儿，这是无可取代的宝贵经验，能促进母婴之间的紧密联系，减少母亲的忧虑。

过去几年来，在观察了许多国家的早产儿育婴室之后，我们认为医院不应该限制父母探视早产儿。毫无弹性的规定隔绝了父母和婴儿，令父母非常担心小宝宝的健康状况。无论医院是否采取母婴同室的做法，育婴室都应该24小时对父母开放。至于亲友（祖父母及其他亲友）的探访规定则应该保持弹性。如果采取了适当的防范措施（例如父母必须身体状况很好，没有任何上呼吸道问题或其他传染病，并且在进入育婴室之前必须彻底把手洗干净），婴儿受病菌感染的问题并不会发生。

早产儿的父母除了需要随时都能接触到新生儿之外，还需要从医护人员那里得到充分的支持与适当的指引。首先，他们需要与婴儿建立良好的互动，才能了解婴儿的特殊需求，感觉到与孩子很亲密。住院期间，医院应该准许他们亲自照顾婴儿，因此出院后，他们才能够胜任愉快育婴的工作，并且放松心情，医院也需要鼓励父母在危机中同心协力，渡过难关，同时彼此讨论周遭环境的剧变。

母婴同室

医院安排母亲和婴儿同室将能促进早期亲子接触。英国海威康一家医院的小儿科医生盖罗设计了一个开创性的研究来协助父母适应生病的婴儿或早产儿。小儿科的婴儿特殊照护中心总共有二十个床位，每次可以同时容纳八位母亲，每年接收二百五十个需要特殊照护的婴儿。无论婴儿病得多重，70%的小宝宝从出生后几小时开始，就有母亲陪伴在身旁，父亲也可以在晚上留下来陪伴，婴儿的哥哥姐姐每天想来探视婴儿几次都可以。有六间母亲的病房门口直接面对婴儿的特殊照护中心，因此父母很容易可以看到小宝宝及照顾小宝宝。医院并没有因为允许婴儿的父亲、哥哥、姐姐和祖父母前来探视而提高了婴儿受感染的几率。不过，他们事先告诫婴儿的父亲，如果孩子有拉肚子、发烧、上呼吸道感染的问题或曾接触过任何传染病患，就不能来医院探视小婴儿。许多母亲产后立刻搬来这个特殊照护中心，护士同时照顾母亲和婴儿。住在这里的母亲通常一起用餐，趁这个机会分享经验，相互支持。万一婴儿夭折了，母亲多半还会继续在这里住一两天，护士和其他妈妈的安慰通常对这位悲伤的母亲有很大的帮助。

当我们拜访海威康的婴儿特殊照护中心时，医护人员告诉我们，那里的母亲会比较快地承担起照顾婴儿的责任，比较不会嫉妒医护人员，比较喜欢聊天；同时，与过去无法和婴儿一起住院的母

7

早产儿

亲比起来，她们比较能接受孩子一出生就有病的事实。美国医界密切观察海威康的照护模式，一些早产儿特殊照护中心也采用了海威康的部分做法。

全球有许多国家，包括阿根廷、巴西、智利、南非、埃塞俄比亚和爱沙尼亚等，早产儿的母亲都住在育婴室旁边的病房，或是根本就与婴儿住在同一个病房。这种安排有许多好处，例如母亲仍然会持续分泌乳汁，也更方便母亲接手照顾婴儿，大大减少了护理人员照顾早产儿的时间，同时早产儿的母亲也可以讨论彼此的情况，分享经验，相互支持。

我们曾经研究在早产儿出院之前，安排母婴同室的效应，我们称这种做法为"筑巢"。一旦小宝宝的体重增加到1.6千克到2千克时，和婴儿同住一室的妈妈就能承担起照顾婴儿的所有责任。我们观察到这些妇女的行为都出现了明显的改变。即使和婴儿住在同一病房之前，母亲已经多次在婴儿加护病房喂奶和照顾婴儿，但是母婴同室后，九位妈妈中有八位第一个晚上完全没办法睡觉。大多数的妈妈把房门紧闭，完全不让我们有任何观察的机会。她们的举动令护士十分惊愕，因为护士对于维护婴儿的健康有强烈的责任感。很有趣的是，这些母亲会重新安排家具、婴儿床和婴儿用品的摆设。不过到了第二天，母亲的自信心和照护技巧都大幅改进，这时候，她们开始准备婴儿回家的相关事宜，好几位妈妈坚持比原先计划的提早几天带婴儿回家。在和妈妈同住的这段时期，小宝宝似乎也变得比较安静。有的妈妈会出现生理变化，例如乳房肿胀，开始分泌乳汁。起先她们对于母婴同室的安排并不尽然满意，因此后来我们不再限制父亲的探访时间，同时提供舒适的椅子和小床。

起初，我们不知道在母婴同室的单位中，应该如何界定护士扮演的角色。除非我们明确护士和母亲的角色，否则我们在做决定的时候一定会发生争执。我们很快就明白，母亲应该负起主要的照护责任，而护士则扮演顾问的角色。

袋鼠式的照护

"袋鼠式照护"起源于哥伦比亚的波哥大市，当时是为了解决早产儿育婴室人满为患，以及因为院内感染而导致婴儿高夭折率的问题。波哥大的医护人员花了很多心力教育和鼓励母亲，让母亲承担起确保婴儿存活的重大责任，让婴儿及早出院以避免受到感染，鼓励母亲和婴儿及早建立紧密联系。婴儿刚出生时，通过和母亲肌肤接触来保暖。母亲抱着婴儿时，则把婴儿直立靠在胸前，以减少窒息和呼吸问题。

有许多人质疑，在发展中国家，通过这种方式来照顾体重过轻、特别瘦小的婴儿是否合理。不过许多严谨的研究都显示，0.9千克重的婴儿在加护病房中仍然可以贴着妈妈的肌肤，依偎在妈妈怀中，就好像在美国或其他工业化国家一样。只要帮婴儿戴上帽子，身上盖一件薄毛毯，紧贴着爸爸或妈妈的肌肤，就可以保持婴儿的体温。这些研究还显示，当婴儿每天有四小时以上紧靠在妈妈怀中，肌肤贴着肌肤时，他们血液中的氧气浓度将会比较高，有益健康。而且当妈妈在产后不久就有机会和脆弱瘦小的早产儿肌肤接触时，不管是在育婴室中还是回家后，她都会比没有这类经验的母亲有自信，认为自己可以把小孩照顾得好好的。以袋鼠照护方式的安全性和对母婴的益处都已获得证明。因此现在有愈来愈多的育婴室提供这种照护方式。

7

早产儿

愈来愈多的父母要求能够有这样的经验。无论在南美洲、美国还是欧洲，父母都发现，以肌肤贴着肌肤的方式拥抱婴儿，对于建立亲子间的紧密联系有独特的帮助。第一次与婴儿肌肤贴着肌肤时，母亲通常很紧张，因此护士最好能待在旁边回答问题，并且帮忙调整姿势或为婴儿保暖。有的母亲认为尝试一次就够了，不过大多数母亲都觉得这是非常愉快的经验。有的母亲提到，在尝试过这种袋鼠式的方式后，她们头一次觉得和小宝宝很亲近，觉得小宝宝是属于她们的。一位母亲表示，她现在感觉好多了，因为她现在为小宝宝做的事情是其他人都做不到的。

我们认为，这种肌肤接触是婴儿照护方式的一大进步，能帮助父母亲和婴儿建立更紧密的联结关系。研究人员曾经密切观察受到袋鼠式照护的婴儿，发现他们的心跳速率、体温、呼吸速率都很稳定，在每天一到一个半小时的袋鼠经验中，呼吸暂停的次数并没有增加。除此之外，采用袋鼠照护方式后，母亲的乳汁供应量大幅增加，育婴的状况也好许多。

早产儿父母支持团体

在许多婴儿加护病房中，早产儿的父母都会组成团体，每周至少聚会一次，讨论彼此面对的状况。有机会吐露自己的感觉，借鉴他人的经验后，许多父母都获得很大的支持力量，也松了一口气。参加这类团体的父母通常比较常到医院探视婴儿，他们面对面和婴儿说话、注视和抚摸婴儿的次数也比较频繁，同时对自己照顾婴儿的能力评价也比较高。在婴儿出院三个月后，这些母亲喂奶时仍与婴儿有更多的互动，也更关心婴儿的一般发展。

以下就是我们收到的一封特别的信，信中的描述显示了一位母亲能带给另外一位母亲的支持力量。

我的宝宝在深夜出生，分娩的过程很快，他们立刻把他转移到加护病房，我则被安排在产科病房。第二天，我躺在床上，感到非常困惑。怀孕期间我一直有腹中胎儿为伴，在经历了分娩期间的殷切期盼后，我突然间被孤单地一个人留在这里。我的理智很清楚地告诉自己孩子确实存在，而且会回到我的身边，但是我的身体却一直无法理解。

有个朋友从主病房过来看我，我们很熟。她两天前才刚生产完，她问我是不是已经生下小孩了，我还记得我回答："他们告诉我，我已经生下小孩了。"她走开一会儿，然后抱着她的小宝宝，满怀喜悦和骄傲地回来找我，把小婴儿放在我的臂弯中。

我抱着小宝宝，突然强烈地觉得松了一口气，好像某个结终于解开了，原本的紧张消失不见，我开始明白前一天发生了什么事。我抱着小宝宝，称赞他长得好，几分钟后，就把他还给他的妈妈。

那晚过后，一切就回归正常，我开始相信我的小宝宝确实存在，也可以平静地等他好转。

我自己对这件事的解释是，拥抱小婴儿似乎触发我开始释放某种荷尔蒙。从此之后，我的身体就有了不同的感觉，仿佛起了某种必要的反应，否则正常的产后过程无法顺利开展。这个经验给我的感觉太强烈了，我怀疑是否每个母亲在婴儿出生后头一天，都应该有机会抱抱小婴儿，哄哄他们，即使不是自己的孩子都无所谓。我不认为这样做会不小心和其他人的小孩建立起紧密联系，这样的情况根本不可能出现，这样做只不过让该发生的事情照常发生，因此

7
早产儿

母亲稍后才能顺应正常程序，和自己的孩子建立紧密的情感联系。

接受现实，度过调整期

随着日子一天天过去，瘦小的早产儿慢慢长大，妈妈开始相信她的小宝宝很有可能存活下来。当母亲开始照顾早产儿时，她会调整原本对于婴儿的想象。值得注意的是，每当证据显示小宝宝的状况有所改善时——例如体重增加了一点点，第一次吸母乳，或使用监视器和其他支援设备的时间减少了，母亲通常都会提到小宝宝看起来长大了很多。大多数父母都认为，移除导尿管或监视器，体重开始增加，从滴管吸奶进步到从妈妈乳头吸奶等，都是婴儿发展过程中的重要里程碑，但在医护人员眼中，这些都是例行程序。不过，早产儿不见得会一直进步，当婴儿体重减轻了几克时，父母都十分惊慌，但事实上在早产儿育婴室中，这是常见的状况。

许多母亲都提到，她们直到能以双臂搂着孩子，亲自喂奶时，才觉得和小宝宝很亲近，而且等到她们能在自己家里喂奶时，才真的觉得和孩子很亲。隔着育婴室玻璃窗的"鱼缸效应"会阻碍母亲和婴儿建立紧密联系。亲子之间能拥有愈来愈多的隐私，母亲就愈能对婴儿产生温暖的感觉。可能的话，应该提供一些小房间，让妈妈在喂奶和拥抱小宝宝时能拥有一些隐私。

从探视形态中能够最明显看出父母的进步。他们探视早产儿的次数是增加了，还是减少了？他们开始在家里为婴儿拟定例如粉刷房间、采购新窗帘和育婴设备等种种计划吗？他们是否在为筑巢做准备？医护人员最不放心的是过度乐观，对早产儿的进展毫不关心，不问任何问题，显得"消极冷漠"的父母。我们很担心拒绝接受现实的母亲。当父母对自己照顾婴儿的能力显得信心满满，几乎从来不提出任何问题，也不注意听护士的建议时，他们前面要走的路可能会变得异常崎岖。等到他们带着小宝宝回家后，很容易变得异常焦虑，甚至疯狂地不断打电话到育婴室来求救。从一开始就能清楚掌握问题的父母似乎反而能顺利度过这段调整期。

过度补偿心理

以下例子正显示了我们在早产儿的母亲身上经常观察到的情况。虽然这是个极端的例子，不过产前没有疏解的感觉所带来的风险却非常值得放在心上。

三岁大的克莱尔由于行为太不可预测，已经换了好几个托儿所，我们建议克莱尔的妈妈带她去接受咨询。克莱尔无法控制自己的怒气，她脾气一来，就会打骂其他的小朋友。她的容忍度很低，心里想要什么，总是希望立刻达成愿望。她在家里似乎永远得不到满足。

克莱尔是个早产儿，曾接受两天表面张力素和氧气治疗，而且进步很快。她靠吃母乳长得很好，出生四周后就出院回家。妈妈佩蒂直到把克莱尔带回家亲自照顾之后，才真的开始感觉到克莱尔是"她的宝宝"。一岁以前，克莱尔都很乖。但是读了许多关于早产儿的书之后，母亲担心克莱尔的发展不像其他孩子那么正常。佩蒂注意到，克莱尔似乎对她并不是非常好奇或感兴趣，反而和父亲比较亲近。她老是觉得克莱尔欠缺很多东西，"为她做再多，可能都还是不够"。她甚至常常在克莱尔还没有发脾气之前就主动供应克莱尔食物、玩具和许多不同的东西。佩蒂也晓得，她可能为克莱尔

7

早产儿

做得太多了，没有让克莱尔弄清楚自己想要什么。她觉得大半的时间，控制权都在克莱尔手上。

详细讨论过这些情形后，佩蒂开始明白，她故意让克莱尔不知节制，希望借此来补偿克莱尔。佩蒂也明白，失控的感觉令她非常生气，因此她管教克莱尔的方式往往很不一致。她现在了解懂得节制对克莱尔的发展而言非常重要，对早产儿的担心不应该影响她教养女儿的方式。

后来在访谈中，佩蒂也说，在克莱尔满周岁之前，她始终不确定和女儿之间是否有紧密的情感联系。她开始注意到她之所以为克莱尔做得太多，可能是因为她不确定自己和克莱尔很亲近而做的过度补偿。佩蒂了解到设定界限很重要，也明白为什么她过去不想让克莱尔有所节制之后，无论在学校还是在家里，克莱尔的行为都有大幅改进。克莱尔变得更有安全感，而且逐渐学会用新的方式来处理自己的愤怒。

一旦佩蒂能够挣脱这种过度补偿的心理，她就能够为克莱尔的行为设定界限，而不会担心或害怕"剥夺了"克莱尔该有的福祉。当克莱尔跑来跑去，乒乒乓乓地横冲乱撞时，佩蒂会慈爱地理解她的感觉，但同时也坚定地告诉克莱尔，虽然她了解她想做什么，但是这回这么做可不成。接着，佩蒂会帮助克莱尔找到其他更适当的活动来发泄。

早产儿出生时的情况愈危险，父母就愈会一直把孩子看得很脆弱，因此很难对孩子的行为设定明确的限制。过度补偿是常见的心理状态，也很容易理解，了解这种隐藏在内心的陷阱后，父母才能避免长期造成的不良后果。

出院回家

多年以来，医院准许早产儿出院的时间愈来愈早。研究人员发现，提早出院不会对体重到达2.5千克的早产儿造成任何健康上的危害。但是，提早出院对母亲的行为和焦虑，以及对日后婴儿的发展有何影响，迄今为止还没有系统的研究。护理学家兼儿童发展专家巴纳德指出，提早出院会为早产儿的父母带来巨大压力。

唯有当父母能获得所需的支持时，才适合让早产儿提早出院。早产儿出院回家后，他们的父母必须能够通过电话和专家讨论他们碰到的问题，也必须有人能针对早产儿的状况和应有的照顾方式提供令人安心的答案。即使提早出院对早产儿的身体健康没有明显的负面影响，当父母带着喂奶习惯、体温和呼吸状况都还不稳定的小婴儿回家时，他们的高度焦虑可能会对亲子间的互动及婴儿后来的发展带来不好的影响。

在早产儿出院前，应该让父母有机会完全接受照顾小婴儿几个小时，包括回家后仍然会持续进行的药物治疗。我们相信，让父母全天候照顾小婴儿两三天，也就是本章前面提到的"筑巢"安排，能够确保他们为接手照顾早产儿做更好的准备，就好像飞行员在独挑大梁之前必须先在其他飞行员陪伴下学习驾驶飞机一样。

全家人都回到家里以后，家人和请来的帮手就必须对母亲觉得能力不足或老是忧心忡忡的情况提高警觉。如果母亲经常打电话求助，或在奇怪的时间带着完全正常的婴儿到急诊室看诊，而且不只

一次这样做，那么这位妈妈其实是在发出求救讯号。如果她出现在急诊室不只一次，或是以其他方式表现她心中的绝望，我们相信医院应该暂时收容这个婴儿，并且在妈妈试着疏解心中忧虑时让妈妈陪着小宝宝。

在追踪检查时，我们特别注意母亲和早产儿是否建立了紧密的情感联系，有没有充分的自信心。在检查过程中，母亲是否站在小宝宝旁边，是否在小宝宝哭的时候安抚他们，还是显得非常疏离，在诊所四处张望，关心其他事情。如果我们看到母亲只是松松地抱着小宝宝，也不把奶瓶拿稳，以至于牛奶从奶嘴流了出来，就会觉得比较担心。但是，在这种时候，我们往往看到许多母子关系紧密的讯号，包括视线接触、喂奶时的亲密接触，以及爱抚、亲吻、轻轻拍打等。

早产儿的父母千万不要忘了，刚出院返家的头几天和头几个星期都还有人协助与支援。我们建议早产儿的父母在出院一个月后，孩子的健康状况渐入佳境时，来看看小儿科医生。这时候，我们通常会建议他们仔细回顾孩子出生前后和住院期间发生的事情，而令人惊讶的是爸爸和妈妈对婴儿刚出生头几分钟和头几个小时的记忆竟有这么大的差异，他们对这期间发生的事情竟然感到如此困惑，他们关心的问题和医护人员所关心的问题也截然不同。由于一小时的访谈实在不足以涵盖每个层面，我们通常都鼓励他们自己继续讨论各项细节，之后再约时间来和我们讨论。

敏德（Klaus Minde）等人曾经针对在家生产和在医院生产的情况做了一系列很有创意的研究，探讨出生时体重很轻的早产儿出生后三个月的情况，他们观察了32位母亲和婴儿之间的互动。在婴儿住院期间，打电话到育婴室及亲赴医院探视婴儿的次数较频繁的母亲，回到家后也会给婴儿较多的刺激；而当婴儿住院时给予的刺激较少，也很少打电话到育婴室或探视婴儿的母亲，通常回家后给婴儿的刺激也很少。

英国的研究人员注意到，如果生下的婴儿体重不到1.35千克的话，许多母亲都会在婴儿出院后的头半年经历三个阶段。第一个阶段是蜜月阶段。父母仍然觉得很兴奋，在婴儿出院七到十天后，回医院做第一次追踪检查时，通常心情都很愉快。接着就到了精疲力竭的阶段，愉快的心情逐渐消失，妈妈开始有点抱怨带孩子碰到的种种问题，尤其是喂奶的辛苦。妈妈不只看起来很疲倦，也确实累坏了。这个阶段会持续一段时间，直到小宝宝开始微笑，也比较有反应，可能是婴儿出院几天后或几个星期后才会进入第三阶段。

费尔德观察到："根据我们对从加护病房出院的早产儿的观察，当他们最需要外界支持时，也就是蜜月期过后，婴儿变得最难带，而父母却已精疲力竭时，他们得到的支援最少。或许我们应该把更多资源投注在家庭访问计划上。"

母亲是婴儿的一面镜子

威尼考特在《儿童发展过程中母亲与家庭的镜子角色》（"The Mirror Role of Mother and Family in Child Development"）一文中提到，出生头几个月中，婴儿在照顾者脸上观察到的东西将帮助他发展出自我概念。威尼考特问道："当小婴儿望着妈妈的脸孔时，他看到了什么？我觉得，一般来说，小宝宝其实看到了自己。换句话说，妈妈正注视着小宝宝，因此妈妈脸上的表情其实和她在宝宝脸上看到的样子有关。我们太容易把这一切视为理所当然。我

7
早产儿

131

想说的是，妈妈在照顾小宝宝时自然做到的事情，不应该被视为理所当然。"他在另外一段又写道："许多早产儿或生病的婴儿往往有一段相当长的时间发出的讯号都得不到回应，由于他们看不到自己，因此会产生一些后果。首先，他们的创造力开始衰退，于是他们开始设法从周遭环境的回应中寻找自我。"他认为，盲眼的婴儿需要通过视觉之外的其他感官能力来获得自我反应。威尼考特的观察点出了重要的一点——正常足月婴儿的母亲通常会"模仿"婴儿的表情。

研究婴儿的学者特瑞瓦森也支持这个观察，他用快速影片的技巧和细部分析来观察妈妈和婴儿的相处。他注意到妈妈自然地逗婴儿玩耍时，会模仿小宝宝的表情和动作。他指出，母亲模仿小婴儿的行为能维系亲子之间的互动和沟通。更进一步细部分析亲子间的互动，他发现母亲会呆呆地模仿婴儿的表情，时间差距只有0.1秒或0.2秒。因此，互动的步调乃是由婴儿决定的。

费尔德注意到正常足月婴儿的母亲和婴儿玩耍时，有70%的时间都在彼此互动。不过，当研究人员请母亲增加一些引起婴儿注意力的动作时，母亲的活动增加为80%，而令人讶异的是，婴儿的互动却减少为只占50%（婴儿有部分时间表现得无动于衷）。反之，当研究人员请母亲模仿婴儿的动作时，母亲的动作会比较慢，而婴儿注视的时间却拉长了。

费尔德观察三个月大的高风险早产儿在家活动的状况后，注意到在自然的情境中，母亲有90%的时间都在和婴儿互动，但婴儿只有30%的时间注视妈妈。如果研究人员请妈妈做一些手势来吸引小宝宝的注意，那么母亲有超过90%的时间都在与婴儿互动，而婴儿注视的时间却减少了。如果妈妈把动作放慢，开始模仿婴儿的脸部表情和动作，结果这些早产儿会和正常婴儿一样，大幅增加注视母亲的时间。换句话说，父母费尽心力想提高早产儿的反应，但是如果他们的动作太激烈，反而会产生反效果，减少婴儿的反应。早产儿的母亲往往会面临这样的困境。她可能试图遵照在早产儿育婴室观察到的做法，想多给婴儿一些刺激。她可能很不满意婴儿的反应，想要增加婴儿的反应。她也可能出于本能的补偿心理，而增加和婴儿的互动。

有关这类刺激，最有趣的乃是我们的育婴室特别护士露易丝的观察。我们发现她对哪些婴儿会在出生后一年或两年内碰到问题往往说得很准。比较没有反应的早产儿脱离保温箱后，都由露易丝负责照顾。她照顾了几天后，婴儿往往变得活泼起来，开始四处张望，注视大人的脸孔，活动也增加了。我们详细拍摄了露易丝的工作状况，却没有看到明显的活动。她抱着婴儿时，婴儿离她的脸孔27厘米到34厘米，她的动作几乎是难以察觉的。根据我们对威尼考特、特瑞瓦森和费尔德所发展出来的模仿概念的了解，显然每当早产儿做了什么动作时，露易丝紧接着就会直觉地模仿他们的动作，因此让这些婴儿开始发现自己。值得一提的是，当一个人已经发展出完整的自我概念时，模仿他是一种侵犯的行为。但是当几个月大的婴儿还未发展出完整的自我概念时，模仿婴儿的手势表情似乎能帮助他们发现自我。

以上观察显示，当我们建议父母在家里多给早产儿一些刺激时，应该要谨慎一点。我们反而建议妈妈应该根据早产儿的步调来活动。当妈妈对小宝宝的需求更加敏感时，婴儿显得非常高兴，母亲也会从和婴儿的亲密玩耍中得到很多乐趣。当婴儿因为手足无措而显得"无动于衷"时，爸爸妈妈毫无乐趣可言。就某种程度而

7

早产儿

言，学习和瘦小早产儿沟通的乐趣就好像第一次学习骑脚踏车一样。这种令人愉快的互动是婴儿健全发展的基石。

近来许多研究观察了数量庞大的早产儿，研究结果显示由婴儿专家进行家庭访问非常重要。这类家庭访问能协助早产儿的父母在小宝宝出院回家后头几个星期和头几个月中，开始和婴儿沟通时，更能察觉他们所发出的微妙讯号，了解每个宝宝的个别需求。当父母有机会在专家协助下观察孩子的行为时，他们通常能够更轻松自在地和小宝宝相处，而且小宝宝似乎也发展得更快更稳。父母也可以趁专家来做家庭访问的时候问问题。

我们的建议

以下针对早产儿或病婴提出了一般性建议，希望能提供良好的环境，促进紧密的亲子联系。通过这些指导方针，早产儿的父母可以了解自己应该提出哪些要求，专业医疗人员也可以借此评估自己的机构。

（1）出生后第一个小时。体重只有一两千克的婴儿诞生了，看起来情况还不错，没有发生呼吸困难或呼吸时呼噜作响的情况，医生松了一口气。我们发现，如果妈妈在婴儿出生后第一个小时把小宝宝放在她的床上二十分钟到六十分钟，上面放个暖垫，旁边还有护士，对婴儿会有很大的好处。

（2）住处。理想上，母亲和婴儿应该住得愈近愈好，最好在同一个医院的同一层楼。如果考虑到母亲和婴儿及早接触的重要性，应该放宽目前限制，在产科传统做法上保留一些弹性，而且通常这都是可以安排的。此外，如果母亲能够和婴儿有一段独处的时间，也能够和婴儿发展出健全的亲子关系。

（3）转院。如果要将婴儿转到有加护病房的医院，我们发现临行前让母亲有机会看看婴儿，并抚摸一下自己的孩子会很有帮助，即使婴儿当时呼吸困难需要戴氧气罩都没有关系。通常负责的医生会把婴儿放在移动式保温箱中，带来给妈妈看，同时鼓励她摸摸婴儿，从很近的距离看看婴儿。

这时候，母亲会牢记有关婴儿体能和健康状况的一切说明，而且也会非常感激医生的说明。必须等到婴儿面色红润，能够吸收充足的氧气后才能带他去给母亲看。如果婴儿仍然上气不接下气，脸色发青，需要采用人工呼吸器，那么我们的转运小组就会留在医院，直到确定婴儿可以安全旅行为止。许多社区多半会同时把母亲和婴儿转院到设有加护育婴病房的医学中心。这种做法无论是就目前还是长远来看，都有莫大的好处，应该鼓励这种做法。

（4）父亲的参与。当早产儿需要转院治疗时，我们鼓励父亲和转院小组一起到我们的医院看看小宝宝的治疗状况。我们力劝早产儿的父亲利用这段时间认识医生护士，了解他们将如何治疗小宝宝，和医生轻松地谈谈，弄清楚小宝宝可能面临的状况，以及接下来几天将进行什么样的治疗。我们准许他进入育婴室（通常给他一杯咖啡），详细对他说明孩子目前的状况。我们要求他担任医院和家人之间的桥梁，通过他传达资讯给妻子，让婴儿的母亲也了解孩子现在的状况。我们建议他拍一张拍立得照片，即使小宝宝还带着人工呼吸器也无妨，他可以把照片带回去给妻子看，详细描述医院照护小宝宝的方式。母亲常常告诉我们，在她们和小宝宝分开的这段时间，这些照片是多么宝贵，让她们还能和小宝宝保持联系。

（5）妈妈第一次到育婴室探视小宝宝。一旦母亲能轻松走动

7

早产儿

之后，应该准许母亲到早产儿育婴室探视小宝宝，因为母亲的探视能够让小宝宝进步得比较快。不过母亲必须了解，当她第一次看到小宝宝的时候，很可能几乎昏倒。在她探视小宝宝时，护士可以陪在身边，详细说明育婴室的程序和设备（例如婴儿呼吸和心跳的监视器、脐导管、胃食管、保温箱以及呼吸器和气管内管）。

（6）剖宫产。我们发现，大多数剖宫产的母亲出院后，每天探视婴儿一次以上都会觉得很累。或许可以延长这些母亲每天一次的探视时间，但是在婴儿刚出生的头一个星期，母亲每天探视的时间最好不超过几个小时。

（7）家人的探视。我们鼓励早产儿的祖父母、哥哥姐姐和其他亲戚透过育婴室玻璃窗看看小婴儿，以建立某种情感上的联系。如果父母要求，我们会让祖父母和其他近亲好友进入育婴室摸摸小婴儿。如果父亲当时不在，我们会邀请妈妈到育婴室来，和她的母亲或其他亲友一起探望小宝宝。

（8）和父母讨论。我们每天至少和父母讨论一次早产儿的状况。如果小宝宝病得很严重，我们每天甚至和他们讨论两次。如果妈妈能告诉医生她认为小宝宝会发生什么事，或她读到哪些关于这个病的资讯会很有帮助。反之，医疗人员也需要敏锐地体察母亲的需求，在讨论过程中配合妈妈的理解程度，确定她了解医生所说的事情。

（9）电话沟通。当医生利用电话和妈妈讨论婴儿的身体状况时，如果爸爸能拿起分机，一起听医生说明，将会很有帮助。这种集体讨论的方式可以减少误解，帮助父母了解整个状况。

我们鼓励早产儿的父母有问题时随时打电话进来，白天晚上都没关系，他们可以立即了解婴儿的状况。这种做法有时候会引起一些混乱，因为几个小时内，可能有几个不同的护士用稍微不同的措辞报告同一个婴儿的状况。最理想的做法是由一位护士负责向父母报告，不过实际上却不太可行，因为护士每隔八小时都会轮班，父母应该理解这种不可避免的状况。通常每个婴儿会有一位护士负起主要的照护责任，然后每一班还会另外指派一位值班护士负责照顾。诊所秘书的桌上有每个婴儿每天的体重记录，因为当妈妈打电话来等着和护士说话时，秘书可以先报告小宝宝体重增加的状况。

（10）轻柔地抚摸婴儿。当早产儿度过了最初的危险期后，爸爸和妈妈应该轻轻地触摸并给小宝宝按摩。父母因此可以和小宝宝更熟识，减少小宝宝呼吸暂停的次数（如果之前小宝宝有这方面问题的话），增加小宝宝体重，让小宝宝可以及早出院。（如果婴儿一出生就病得很严重，触摸和抚弄小宝宝有时候会导致他血液中含氧浓度降低，因此必须等到小宝宝情况稳定，医护人员同意之后，父母才能抚摸小宝宝。）

（11）婴儿的回馈。我们认为，婴儿和父母如果要发展出亲密的情感联系，小宝宝就必须对父母的关爱和照顾有所反应。如果小婴儿会注视父母的眼睛，用动作或其他行为，或安静下来来回应父母的努力，将提高父母对小婴儿的情感依恋。这就是说母亲必须能抓住小宝宝的视线，母亲也要明白自己的动作——包括把小宝宝抱起来或发出安抚的声音——都会引发小宝宝的反应或是让他安静下来。因此我们建议父母思考的角度应该是，这些动作都是在发出一个讯息给小宝宝，同时也接收小宝宝回馈的讯息。父母听到我们这么说的时候往往都笑了，以为我们只是在开玩笑。我们接着会解释，瘦小的早产儿确实能够看出物件的形态，而且也对这些形态特别感兴趣，他们的听力也和成年人一样好，证据显示，从接收讯息中，他们可以获益良多。

由于小婴儿通常会在连续睡两三个小时之后，只清醒一小段时间，父母通常需要待在育婴室很久才能碰到婴儿短暂清醒的时刻。他们可能也需要护士和其他照护者的特殊协助。但是这一切努力都是值得的，因为小宝宝往往在直接的视线接触中，产生爱与被爱的感觉。

（12）袋鼠式照护。当妈妈抱着小宝宝时，如果能够让小宝宝紧靠着妈妈的胸部，彼此肌肤贴着肌肤，会带来很大的好处。如果妈妈是第一次到育婴室探视小宝宝，可能需要护士在旁协助和支持，鼓励她们这么做。和婴儿肌肤贴着肌肤紧紧依偎在一起时，母亲心中往往会觉得格外温暖，母乳的分泌会大量增加。

（13）喂母乳。母亲如果能够对婴儿有实质的贡献，例如提供母乳，往往对亲子关系很有帮助。母乳能够减少婴儿在住院期间和出院后受感染和得其他并发症的几率。我们建议每一位产科医生都应该大力建议早产儿的父母提供一些母乳来满足婴儿的营养需求。许多早产儿的母亲原本不打算喂母乳，因此可能会碰到一些困难。不过即使母亲只能分泌少量的母乳，都是很重要的贡献。但是，如果母亲无法为宝宝提供足量的母乳或因为其他原因而希望中断母乳，也千万不要觉得大失所望。

对于早产儿的母亲而言，在喂母乳的问题上，如果能够得到朋友或支持团体成员的协助与支持，将会带来很大的帮助。如果喂母乳持续不断碰到问题，就需要请教哺乳专家了（请参考第五章有关喂母乳的深入讨论）。

（14）护士与母亲的互动。刚开始自己照顾小婴儿时，母亲应该向护士寻求指引、支持和鼓励。护士可以指导母亲如何抱小婴儿，如何为他们穿衣、喂奶，护士的指导非常重要。母亲通常都需要先得到保证和肯定，才能真的享受照顾小宝宝的乐趣。就某个角度而言，护士扮演了"母亲的母亲"的角色，教导母亲初为人母的基本技巧。

7

早产儿

8

当小宝宝有先天缺陷时

　　畸形儿的诞生对周遭每个人而言都是一大打击。对父母来说，新生儿代表了他们的种种努力达到高峰，也是他们未来的希望。诞生的畸形儿却令结果成为伤心的负担，父母必须调整心态，学习照顾孩子的新方式。先天畸形儿的诞生也为负责照顾整个家庭和孩子的父母带来复杂的挑战。

　　父母的反应通常很激烈，并且会扰乱亲子紧密关系的发展。贝特汉姆概述了这种情况：

　　小孩可以学着容忍残障，但是如果他们不认为父母仍然百分之百地爱他们，他们就不可能过得很好……如果父母知道他们的缺陷仍然很爱他们，那么他们才会相信未来其他人也会爱他们。有了这样的信念之后，他们不但在今天能过得很好，对未来也才会保持信心。

在正常的怀孕过程中，准爸爸和准妈妈会在脑海中勾勒出婴儿的长相。尽管这幅图像有多清楚因人而异，但是父母对婴儿的性别、长相、肤色等多少都有些想法。正如我们前面的讨论，为人父母者一开始往往需要花时间调整心态，接受理想中的婴儿和实际看到的婴儿之间的差异。父母梦想中的婴儿往往综合了他们从自身经验中产生的印象和主观的愿望。父母的文化背景不同，要调整想象和现实之间的差异就会更加复杂。然而，如果小宝宝是畸形儿，那么与父母的想象差距就更大，他们必须很努力地调整自己的心态。

就某个程度而言，父母的反应以及他们未来和婴儿建立情感联系的难度要视婴儿先天缺陷的性质而定：

· 这是可以矫正的缺陷，还是完全无法矫正？
· 是看得见的缺陷，还是看不见的缺陷？
· 会影响到中枢神经系统吗？
· 会对生命造成威胁吗？
· 会影响孩子的未来发展吗？
· 会不会影响生殖器官或眼睛？
· 是单一畸形，还是多重畸形？
· 是遗传性缺陷吗？
· 需要经常就医吗？

父母的第一个反应

婴儿的缺陷愈明显可见，就愈会立即引起父母的担心和尴尬。

即使只是头部和颈部的轻微异常，也会比身体其他部分的缺陷更令父母担心。身体有明显残障的人在人际关系上遭遇到的困扰往往大于其他残障人士。

有的父母起初不愿意和自己生下的畸形儿见面，因为这件事的冲击太强烈了，他们需要先缓和一下情绪。但是，当他们真的看到自己的小宝宝时，想要照顾孩子的感觉就会油然而生，这是重要的转折点。父母往往表示，他们第一次看到亲生骨肉时，孩子残障的情形似乎不像起先想象得那么令人担忧。亲眼看到孩子，可以缓和他们的焦虑。在我们的研究中，有一位母亲说："我们在脑海中想象各种情况——小宝宝的每个器官都可能有什么毛病。等到真的看到小宝宝时，反而觉得他相对而言还算正常。"其他人的反应也很类似——真正看到小宝宝的状况时，反而不像当初知道小宝宝有问题时感到那么不安。许多母亲发现，知道小宝宝有先天性异常后，还得等候获准探望小宝宝，这段时间最难熬。当婴儿的父亲或母亲真正看到孩子时，反而觉得大大松了一口气。

罗斯基曾经研究因为服用沙利窦迈而生下畸形儿的母亲。他描述，原本有四位母亲正在争辩要不要把畸形儿交给收容机构。但是当她们真的看到自己的孩子并产生了感情时，这一切都不再是问题。"当其中一位母亲注视着婴儿的眼睛时，小宝宝的眼神似乎在恳求妈妈不要抛弃他。"我们的研究发现，相对而言，父母如果发现孩子有明显的缺陷，他们感到震惊和难以置信的时间反而比较短；父母如果发现孩子有隐藏性缺陷，他们感到震惊和拒绝相信的时间会更长。当父母生下有明显缺陷的畸形儿时，他们简直吓坏了，但是只要尽快让父母看到新生儿，亲子之间仍然可以建立强烈的依附关系。

我们访问了一百九十四位脊柱裂婴儿的母亲，其中三分之二的妈妈宁可医生早一点告诉她们诊断的结果，而且她们对于医院提供婴儿缺陷的相关咨询也相当满意。延后通知父母诊断结果，反而会升高焦虑的情绪。父母一方面反对医生在一开始的时候不必要地先描绘一幅阴暗的图像；但另一方面，他们也反对医生对婴儿的严重程度先是轻描淡写，后来又夸大其词的做法。举例来说，有一个婴儿生下来就有严重的脊柱裂，称为脊髓脊膜膨出，医生却告诉他的妈妈小宝宝"只不过是背上肿起一个包，没有什么好担心的"。根据我们的经验，父母很看重医护人员的态度，虽然他们通常都不记得护士、产科医生或小儿科医生用的确切字眼，但是却记得他们的态度。如果说明病情的人伤了母亲的心，那么她们通常会把这种无礼归因于这些人缺乏同情心、冷酷无情。但很可能真正的原因是，要传达这么痛苦的信息原本就很困难。不过，大多数母亲都会把医护人员的温柔与同情的态度铭记在心，即使在多年后，都还记得当时医护人员表达的小小善意。

曾经有一位母亲在我们的诊所生下了患有唐氏症的女儿，她流利地表达了她最初的反应。和医生讨论孩子的问题之前，她和她的丈夫与刚生下来的女婴相处了几个小时。"每个妈妈在怀孕时一定都会想：'我想要一个健康的宝宝。'虽然偶尔也会想到，也许会生下有问题的小孩，但是我从来不会想过会生下弱智的孩子。当我想到小宝宝生下来可能有问题时，我想到的都是生理上的问题。孩子生下来以后，我望着她，她四肢俱全，有十根手指、十根脚趾。我心里想：'她很正常。'当他们把她抱来，我们望着她的时候，她看起来身体很健康。我们只觉得这个小女孩脖子很胖，其他什么都没想到。我们因此有机会好好看看她，把她翻过来仔细检查，就那么看着她、爱她，当时我们已经建立了这种爱。"

像这样和小宝宝有好的开始，非常重要，父母通过这样的机会完成了怀孕生子的整个过程。妈妈知道自己真的生下了一个小孩，而且这个小孩有自己的特质，她的母爱有了投注的对象。当她听到关于小宝宝的坏消息时，她已开始和小宝宝建立紧密的情感联系，不需要一边启动天生的母爱，一边却还要拼命拒绝相信小宝宝的缺陷。她已经开始扮演的母亲角色可以帮助她处理随之而来的复杂情绪。究竟是应该在婴儿出生后立刻让父母知道小孩有唐氏症，还是要延后几个小时再讲，医界迄今仍没有定论。我们没有确切的数据足以证明我们的做法比较好，不过依照我们的经验，我们认为至少应该等到诊断确定，并且父母有一点时间和婴儿独处之后，再告诉父母这个消息比较好。

必经的心理调试阶段

虽然婴儿异常的情况和父母的背景各异，我们的研究显示，在父母的讨论中，有许多惊人相似的主题一再出现。一般的父母都详细记得婴儿出生前后发生的事情，以及自己的反应。他们也都经历过类似的情绪反应阶段。虽然每个父亲或母亲在每个阶段需要的调试时间不同，但是这些阶段的顺序反映了大多数父母对畸形儿的反应和调试过程中的必经阶段。

第一阶段：震惊

听到孩子生出来不正常时，大多数父母的第一个反应都是极度震惊。他们描述的反应和感觉表明他们的情绪简直快要崩溃了。一位妈妈说："这个消息给了我重重的一拳，我简直崩溃了。"一位父亲则解释："仿佛世界末日来临。"许多父母都承认，在第一阶段，他们的行为很不理性，会哭泣，感到无助，偶尔想要逃避。

第二阶段：拒绝相信

许多父母要不然就是不肯承认小孩有问题，要不就是设法减轻这个消息带来的冲击。他们可能希望不受这个情况的干扰或拒绝它所带来的震撼。一位父亲生动地形容他的怀疑："我发现自己不断重复：'这不是真的。'"有的父母则提到，生下畸形儿的事情听起来毫无道理，"我完全无法相信这样的事情会发生在我身上"。虽然几乎每个畸形儿的父母都拒绝相信这个事实，但是拒绝的强度则因人而异。

第三阶段：悲伤、愤怒和焦虑

强烈的悲伤和愤怒的感觉会伴随着拒绝相信的阶段而来。最常见的情绪反应是悲伤。有一位妈妈说："我觉得糟透了，我哭个不停，即使过了很久，还是想起来就哭。"有的父母则说他们感到愤怒。一位父亲说："我只想踢人。"有位妈妈则表示，她觉得很生气，而且"痛恨这个小宝宝，也痛恨自己。我得为这件事负责任"。在大多数的案例中，尽管医生极力保证，妈妈仍然很害怕小婴儿存活不下来。有位妈妈说，她开始时不把孩子当"人"。"抱着他时，他身上还插着各种管子，让我觉得很沮丧。我抱他只不过因为这是妈妈该做的事。"几乎所有畸形儿的妈妈都会踌躇不前，不敢一下子就和婴儿建立强烈的情感。

第四阶段：平衡

接下来，父母的焦虑和强烈的情绪反应都逐渐缓和。当他们不再那么沮丧之后，他们就会愈来愈接受目前的处境，而且也会更有信心，觉得自己有能力照顾小宝宝。有的父母在小孩出生几个星期后就达到这种平衡状态，有的人则要花几个月的时间来调整。即使在最好的情况下，这样的适应过程仍然是不完全的，一位母亲表示："即使在宝宝出生几年后，我一想起来，仍然会想哭。"

第五阶段：重组

在这个阶段，父母开始为孩子的问题负起责任。有的妈妈说，她们得安抚自己："不是因为我做了什么事，才让宝宝有这个问题。"在畸形儿诞生后，父母必须相互扶持才能长期正面地接受这个孩子。许多夫妻都说，孩子刚出生时他们强烈依赖彼此的支持。不过，在有些例子里，畸形儿的诞生会造成夫妻感情破裂。有的父母会因为畸形儿的诞生而相互责怪。有一位妈妈排斥自己的丈夫："我不希望见到任何人。我只想自己一个人独处。"

如何成功处理危机？

虽然父母对畸形儿的反应有这么多重要的相似点，他们走过这

8

当小宝宝有先天缺陷时

几个阶段的方式却很不一样。有的父母一开始并没有出现震惊和沮丧的反应，反而会诉诸理智，专心研究和孩子情况相关的资讯。有的父母则无法平复畸形儿诞生后引发的强烈情绪反应，一直没有成功自我调整，在孩子出生后很长一段时间里，都陷于悲伤状态中。

小儿科医生尚可夫（Jack Shonkoff）和同事所做的研究显示，父亲和母亲有不同的压力来源。父亲有较大的压力是来自于他们对婴儿的强烈情感依附，母亲的压力则主要来自照顾小孩。

没有机会讨论婴儿的诊断结果往往令父母觉得不知所措，无从评估孩子的异常究竟有多严重。如果家中一直弥漫着哀伤的气氛，那么原本期望中的健康小孩形象会始终阴魂不散，阻挠父母适应目前的状况，让他们一直无法接受他们真正生下来的这个小孩。这些发现证实了精神分析学家索尼特和史塔克的研究，而他们的研究为畸形儿父母的心理治疗奠定了良好的基础。索尼特（Albert Solnit）和史塔克（Mark Stark）的分析包含以下重点：

（1）新生儿完全不是父母原本梦想或计划中的婴儿。

（2）父母和刚诞生的婴儿在完全建立感情之前，必须先哀悼原本梦想中婴儿的逝去，而这个过程可能会花几个月的时间。

（3）在哀悼的过程中，父母的罪恶感会以各种不同的形式出现（如，"妈妈一心一意把全副心思都放在小婴儿身上"，完全不管家里其他人的状况），因此前来支援的帮手必须有极好的耐心，因为婴儿的父母可能会重复问他相同的问题。

（4）小儿科医生和产科医生都需要经常面对父母的不满和怒气，因为很多时候，父母会把怒气出在他们身上。

（5）父母亲应该有机会表达内心的感觉，并且也应该有充裕的时间彻底体验悲伤的感觉。

（6）当母亲试图消除对原本期望中完美婴儿的强烈感情时，畸形儿的种种需求却会干扰母亲的努力。在婴儿刚出生的那段时间，父母的身心都经历着剧烈的耗损。他们一方面要和畸形儿发展出强烈的情感联系，另一方面又要持续不断地照顾婴儿。这常令父母不堪重负。

（7）当畸形儿顺利存活下来以后，仅是哀悼能发挥的效果就很有限了，因为新生儿会严重冲击母亲的生活，母亲每天都要花很多的时间和精力来照顾他。

在这样的情况下，畸形儿的家人势必要承受极大的压力。他们一方面必须因应畸形儿诞生所带来的强烈情绪冲击，另一方面还要帮助新生儿融入家庭，满足婴儿的各种需求。他们真是了不起。成功处理这项危机的经验往往能提升一个人处理其他事情的能力。有一位父亲骄傲自信地描述天生残障的儿子诞生时他是如何度过那段难熬的日子，如何寻求治疗资源，以及如何管理好整个生活的。"我想直到眼睛合上的那一天为止，你永远都不知道你是否已经给了家人他们所需的一切，但是我已经尽力了，而且我认为我做得很不错。"残障孩子及其父母在与其他人相处时往往会碰到很多问题，因此他们发展出特殊的互动技巧。面对其他人可能觉得尴尬或沮丧的情况时，残障孩子的父母学会了以平常心看待这些事情，体现出"懂得体贴"、"自我牺牲"的特质。尽管父母在残障孩子出生后往往必须调整自己原本的个性，但却也因此形成更正面的自我形象。不过，他们往往需要经过一段比较长的时间，才能慢慢达到这种心理的成熟度。

在处理这些复杂的问题时，必须设法防止问题一直悬而未决。举例来说，由于内心的罪恶感和怒气迟迟未消，父母可能对孩子采

取过度保护的态度，这反而阻碍了孩子的发展。父母也可能因为拒绝接受孩子是畸形儿的痛苦事实而心乱如麻，结果更无法好好解决问题。如果满怀罪恶感的父母试图通过和残障儿建立紧密的依附关系来排除忧伤的情绪，家庭中其他成员可能因此受到忽视。如果悲伤的情绪一直受到压抑，而不是得到适当的疏解，或是如果这种情形演变为一种自责的忧郁倾向，那么父母就无法对家庭有建设性的贡献。

要妥善因应孩子天生异常的情况是非常困难的，因为其中牵涉许多暧昧的情况。例如，自己对孩子的照顾是过度保护呢，还是在因应残障儿的特殊需求？一位母亲表示："有时候，很难理清怎么样是善尽母亲的职责，怎么样是管太多了。我希望孩子需要的时候，尽可能地帮助他，但是又不希望紧握着他的双手不放。"事实上，有先天缺陷的孩子需要的照顾确实比一般孩子多得多。有的孩子经常需要住院治疗，有的孩子未来的发展状况很不明朗。这些情况都会加深父母的忧虑，打乱既定的计划，所以很难判断做父母的什么时候跨越了界限，变得过度保护。

另外一个需要考虑的问题是，怎么样才算是适应良好。如果悲伤、沮丧、愤怒都算正常反应，而且如果引发这些情绪的畸形儿顺利存活下来，那么在悲伤和接受之间，怎么样才算适度的平衡？学者欧森斯基用"慢性悲伤"这个词来形容父母适应生下迟缓儿的长期反应。对有的父母而言，悲伤的情绪可能始终挥之不去，尤其是当有些迟缓儿一直都需要依赖父母时。假如错误地认为有些感觉必然会获得"疏解"而生下先天缺陷孩子的痛苦也会消逝不见，这只会迫使父母拒绝向能协助他们的专家吐露内心真正的感觉。

当许多父母为了这些问题而内心交战，不明白这样的事情为什么会发生在自己身上时，他们通常很关心问题的确切原因——如果找不出确切原因，他们往往会觉得很失望。如果孩子的先天缺陷在医学上找不到可接受的原因，那么父母的遗传就会受到质疑。因此，畸形儿的父母可能会非常努力地寻求导致孩子异常的非遗传性原因，希望能借此摆脱自己的罪恶感。有的婴儿因为刚出生时感染脑膜炎之类的疾病而导致智能发展迟缓，他们的爸爸妈妈似乎反而比先天弱智儿的父母更能够适应这种情况。

以下几个典型的反应可以显示父母面对需要照顾残障小孩的新角色时所感受的痛苦。例如，父母为了寻求孩子先天缺陷的原因，有时候会演变成不停地"逛诊所"。他们一再换诊所，不是因为不满意医生的看诊能力，而是为了减轻自己的罪恶感。而且这种"积极主动"的态度往往是必要的，因为许多地方的治疗设施都不够完善，常令父母感到无助。

当父母感到强烈的不安却又觉得医护人员漠不关心时，会受到很大的困扰。有时候，父母会把医生客观而专业的态度误认为缺乏同情心，因此勃然大怒。许多医生能从中找到平衡点，一方面秉持正确的专业行为准则，另一方面也满足父母需要得到医生支持的心理。举例来说，医生抱着新生儿给父母看时，可以强调婴儿正常的部分。正如同索尼特所说："强调婴儿身心正常的部分，会有很大的帮助，只要医护人员不是想借此在婴儿的父母看到和听到孩子的状况时'关闭'他们害怕、质疑和不满的情绪就好，因为他们其实需要有机会表达这些情绪。"如果父母实际参与照顾婴儿的过程和为婴儿所做的种种规划之后，他们自然就能从婴儿身上得到满意的回馈。在婴儿刚出生时，父母和医护人员必须在婴儿的治疗上有效合作。在婴儿刚出生和成长发育的这段时间，医护人员能协助父母和畸形儿产生紧密的情感联系。

夫妻相互扶持

畸形儿的父母除了要面对强烈的情绪冲击之外，还必须因应周遭亲友对他们的要求和期望。正当他们生下正常婴儿的能力受到质疑，情绪陷入低潮时，还必须面对婴儿的祖父母及周遭朋友、邻居的关心。在这种情况下，社会能够提供的支持协助并不多。举例来说，生下正常健康的婴儿之后，亲友往往会寄礼物和卡片到医院；但是当婴儿有先天性缺陷时，亲友不知道应该怎么做才得体，发现最简单的处理办法就是"忘了"给有先天性缺陷婴儿的父母打电话或寄礼物。婴儿的父母也往往不愿意发布婴儿诞生的消息，甚至不愿意为小婴儿取名字。结果，在婴儿刚出生的这段时期，他们很可能感到非常孤单。

正如同我们前面所说，当双亲共同面对畸形儿出生的危机时，适应期间相互的扶持与沟通可能让他们的关系更加亲密。同时，我们也观察到，在许多家庭中，畸形儿出生和接下来照顾婴儿的工作会导致某些父母的孤立，尤其是当照顾孩子的重担都落在一个人身上时，孤立的感觉会更加强烈。我们曾经用"非同步"这个词来形容以不同步调度过适应期各个阶段的父母。这些父母通常都不能彼此分享内心的感觉，他们之间的关系似乎愈来愈糟糕。这种非同步的情况往往会导致父母暂时的情感疏离，这也是发生重大家庭危机之后离婚率升高的主因。小儿科医生对婴儿与父母之间的关系很敏感，可以在病人家庭的适应过程中助他们一臂之力，帮助父母判断他们各自处于哪个适应阶段，并且让他们了解另一半的进展状况。

敏锐的小儿科医生有很好的机会可以在这方面发挥助力。

最后，许多父母都说，对他们而言，因应这个重大挑战的最好方法，就是每天因应当天发生的状况，不要过度担心未来的种种不确定，或是沉溺于过去的痛苦中。有时候，我们会误把这种心理视为防卫性否认。但是，除非会影响到孩子的日常照护和计划，否则这种反应似乎能保护父母不被无法忍受的痛苦所折磨。

一位母亲表示："虽然我们现在知道前面还会有许多难熬的日子，但对我来说，每天都变得比前一天容易应付些。"她又说："那天我过得特别愉快，然后我先生从办公室下班回家。不管他看到我的时候是不是晓得我终于有办法应付他低落的情绪，还是他那天刚好诸事不顺，总而言之，那天狄克第一次显得情绪这么低落。还好星期五的时候，朋友夫妇来看我们，他的心情又好了起来，我们都觉得很愉快。"这对夫妇能直觉地掌握到另一半的需求，即使陷于悲伤的情绪中，还能设身处地为另一半着想，其他的夫妇也许未必能如此相互体谅。

一位父亲的描述在某种程度上反映了父母在畸形儿出生后的转变：

你永远不知道每个孩子会和你在一起多久。你应该珍惜和他们在一起的每一天。我想我们因此为我们的男孩乔舒瓦做得多了一点。

我想最初你真的非常脆弱，后来情况好转了一些。这件事带来很大的打击，最初你总是预想会发生一些状况。你会密切保护其他小孩，至少我自己是这么做的。我想当你一路走来，愈来愈习惯这种情况时，就不再像最初那么脆弱了。

这段谈话显示，这位父亲非常敏锐地察觉到畸形儿的诞生对整个家庭的影响。

葛林在谈到畸形儿的父母如何适应这种状况时表示："畸形儿出生仿佛只是怀胎的开始，父母脑海中必须开始孕育小宝宝的新形象。"葛林强调，畸形儿的父母亲在适应过程的不同阶段中，一方面需要专业人士的支持与照顾，同时也需要相互体谅与扶持。尤其重要的是，所有参与照顾畸形儿的人之间必须能够有效沟通。他强调，更重要的是新生儿出院后还能持续这种照顾方式，并且定期进行医护人员家访或带婴儿到医院健康检查。医生、护士、辅导人员和父母亲的参与和充分合作才能为婴儿和全家人带来最大的福祉。

我们的建议

（1）最初的接触。我们认为，必须尽快让父母看到刚生下来的畸形儿，让他们在看到孩子缺陷的同时，也能观察到孩子其他正常的特质。任何耽搁都会令原本就怀疑小孩有问题或已经知道小孩有问题却无法见到孩子的父母更加焦虑，并且天马行空，胡思乱想。他们可能会骤下结论，以为小宝宝已经死了或奄奄一息，而实际上小宝宝情况很好，而他可能只是拥有唇裂的缺陷罢了。父母见到新生儿之前耽搁的时间愈久，他们对新生儿的状况就会误解愈深，愈难修正错误的观念。

（2）正面的态度。父母第一次见到有明显缺陷的新生儿时，很重要的是必须同时注意到他正常的部分，肯定小孩正面的特质。例如小宝宝很强壮，活动力强，反应灵敏等。令人讶异的是，很多时候，在医生眼中非常明显、怪异、引人注目的缺陷，对父母而言，却一点也不可怕或难看。

（3）避免服用镇静剂。我们对让先天性畸形儿的父母服用镇静剂，抱有着强烈的保留态度。镇静剂会令他们反应迟钝，因此需要花更长的时间来适应。不过，在就寝时服用微量的镇静剂，或许有助于睡眠。

（4）特殊照护。大多数的产科病房都是为健康的母亲和婴儿而设计。因此，当刚出生的小宝宝有先天性缺陷时，例行的照护根本无法因应妈妈的需求和情绪上的变化。通常医院并没有为生下畸形儿的少数产妇提供特别照护，而一律采用为生下健康婴儿的大多数产妇所设计的标准照护模式，畸形儿的母亲因此吃了不少苦头。医护人员可能兴冲冲地走进病房，询问宝宝今天情况如何，完全忘了小宝宝因为先天性缺陷，还待在育婴室中或已经转去其他医院或其他科室治疗。我们尝试指派特别护士来照顾这类母亲，这些护士必须花很长的时间坐在妈妈身边，听她哭诉，而哭诉的内容多半都充满负面的批评和情绪。

（5）延长亲子接触时间。我们认为，新生儿最好能和妈妈在一起几天，而不是一出生就匆匆忙忙地被送去别科的病房或别家医院动手术。如果婴儿一出生就需要立刻动手术，显然不应该有任何延误，但是即使如此，最好还是能让妈妈先看看小婴儿，让她明白小宝宝的其他部分都很正常。如果可能的话，也应该让妈妈碰触和照顾一下小婴儿，这样做通常都很安全，不会带来什么伤害。此外，所有关于新生儿的讨论，以及接触小宝宝的机会，都应该让父亲参与。我们尝试安排父母亲和小宝宝在一起的时间长一点，因此他们可以更清楚小宝宝的特质，无论是好的一面还是坏的一面都好。正常婴儿的母亲在一到三天内，就会逐渐调整原先脑海中期望的小宝宝形象，让它符合实际诞生的小宝宝形象。当生下来的小宝宝是畸形儿时，调整脑中形象的工作会变得更困难，结果是更需要拉长母婴接触的时间。研究人员注意到，有先天缺陷的新生儿如果在手术前曾经在家里住过一小段时间，那么父母探望他们的时间就会多很多。要是小宝宝手术前在家里住了两个星期以上，有65%的婴儿在手术住院期间的90%到100%的时间都有家人探访。但是住在家里的时间少于两周的婴儿，家人探访的时间就急剧减少，只有20%到25%的婴儿家人有同样高的探访频率。

（6）探访。我们鼓励妇产科延长家人探访时间，让畸形儿的父亲能够花更多的时间陪陪太太。如此一来，夫妻俩可以分享彼此的感觉，并且尽可能同步展开适应的过程。我们医院的政策是准许父亲留在医院陪妻子过夜。

（7）问题。适应良好的父母通常会问很多问题，而且有时候会对医院照护的诸多细节过度关心。虽然他们有时候挺烦人的，但是我们看到父母表现出这类行为时，通常都觉得很高兴。我们比较担心的是只问几个问题的父母亲，他们看起来被婴儿的问题吓坏了，完全不知所措。

（8）适应。适应家有畸形儿的过程要花很长的时间，之后父母亲才能轻松自在地照顾自己的孩子。初期，当父母亲还在为原本期望的完美婴儿落空而黯然神伤时，他们或许连简单的照护程序都没有办法好好完成。例如，在婴儿刚出生的头几天和头几个星期，父母甚至连鼻胃管喂奶都做不好；但是等到婴儿两三个月大时，这件事对他们而言就变得轻而易举了。

（9）了解医学研究的发现。父母必须明白，许多畸形或生病的新生儿所碰到的问题不但令他们十分沮丧，医护人员的挫折感也很重。当事情进行得不顺利的时候，医护人员和他们有相同的反应——觉得挫败、悲伤、生气。父母因为想要了解问题、因应眼前的情况而提出的许多问题可能令医生感到十分挫败，尤其是在这些问题在婴儿出生的头三四个月一再被拿出来反复询问的情况下。父母心理上拒绝接受事实的反应可能太过强烈，因此即使这些问题已经在不同场合讨论过很多次，讨论时间至少一小时以上，他们仍然坚持认为从来没有听说过这种肾脏问题、智能迟缓问题，或是认为问题可能和遗传基因有关。必须经过一段时间之后，相关资讯才能充分整合，获得理解。

（10）新生儿发展迟缓的可能性。如果新生儿可能发展迟缓，我们认为，除非医生几乎完全确定婴儿的缺陷，否则不应该和父母讨论这个问题。我们之所以提出这个有争议的建议，是因为我们见到很多例子：当杰出的医生向婴儿的父母表达了他们的疑虑，后来发现判断错误时，却无法说服婴儿的父母孩子没问题；即使在多年以后，他们都还不相信孩子真的很正常。结果许多孩子后来在发展过程中都备受困扰，因为父母继续把他们当迟缓儿看待。要在婴儿刚诞生的头几个星期就预测他们是否是迟缓儿原本就非常困难。在本书作者之一任职的高风险婴儿育婴室中，新生儿专家和神经医学家运用所有通行的医疗程序来推测新生儿究竟正不正常，结果只有一半推测正确。

（11）说明时要依照父母的步调。父母很难在一时之间吸收所有关于新生儿重大问题的资讯。我们试图依照父母的步调进行，而且在必要的时候，一次只向他们说明一个问题。如果医生的步伐走得太快，父母很容易退却，因为他们根本吸收不了这么多的医疗资讯。

8

当小宝宝有先天缺陷时

（12）和医生讨论。父母对生下畸形儿的反应太强烈了，每个人经历震惊、拒绝相信、愤怒、满怀罪恶感、悲伤、适应和重组等阶段的步调都不一致。如果父母无法互相讨论彼此对生下异常孩子的反应和感觉，他们的关系可能会濒临破裂。所以我们建议父母最好分别和医生私下会面几次，会面时可以讨论妈妈的状况，询问她觉得先生适应得好不好，也可以了解做爸爸的对婴儿有什么感觉，他觉得太太应付得怎么样。如此一来，父母不但可以开始为彼此着想，也可以思考自己的适应状况。通常私下会谈几次之后，夫妻俩的沟通状况就会有所改善。

（13）父母亲彼此沟通。如果新生儿的父母亲沟通良好，我们通常会劝他们在晚餐后共处一段时间，从婴儿诞生的那一刻开始回顾他们对其后每个钟头的感觉和印象。有时候，父亲和母亲会被另一半吐露的感觉吓一跳，而且直到这一刻，夫妻俩才充分明白另一半的脑子里原来有很多想法和自己一样，只是之前一直不敢说出来。

（14）让全家人凝聚在一起。婴儿出生后的种种讨论有一个主要目的是，不管在婴儿刚诞生的那段时间或在接下来的日子里，让全家人凝聚在一起，而要凝聚全家人最好的方法就是及早一起讨论新生儿异常的问题，并且鼓励父母亲坦白表露他们的感觉和想法。他们最好能分享彼此碰到的问题。有些原本关系不怎么亲密的夫妻因为携手度过这段适应期而变得更加亲密。就好像人生其他的痛苦经历一样，当夫妻俩有了这段共同的经历以后，他们会变得更坚强。

（15）适应压力，每位父母的适应情况都会因个人的背景和经验而异。对许多年轻人而言，这是他们这辈子所碰到过最棘手的问题。不过，他们过去的行为和家庭背景往往能透露他们会有什么反应，以及他们将如何适应这段过程。有的父母童年时期和自己的父母感情不和睦，他们在压力下可能会恢复早年的行为及反应模式。换句话说，如果孩子的异常和家族中其他成员的异常类似，父母很可能会觉得自己是导致孩子缺陷的主因，而萌生强烈的罪恶感。在大多数情况下，这些问题都可以讨论和理清。父母如果能够了解自己过去在面对压力时会如何反应，可能会有很大帮助。

9

迈向独立之路

在我们执业的这些年间，许多夫妇在即将为人父母时，都会提到他们很关心两个问题。他们一方面问："我能够像我的父母一样，当个好爸爸或好妈妈吗？"另一方面，他们又说："我不想用我爸妈养育我的方式来养育我的小孩。"我们对父母如何和婴儿发展出紧密的情感联系，以及婴儿如何和父母建立起依附关系了解得越多，就越认为父母养育孩子的方式是代代相传这个说法不是空穴来风。许多研究表明，我们自己在婴幼儿时期被抚养长大的方式会影响我们养育孩子的方式，以及我们和其他人的互动。父母养育子女的模式似乎会传给下一代，成为下一代长大成人后为人父母的蓝本。

同时，其中还有许多成长和更新的空间。身为照护者，我们希望每个家庭都能了解这些可能的机会，从产前的怀孕、生产到产后，这是一段敏感时期，各种忠告、支持和新的理解、领悟都会带

来重大的改变。因此，可以通过这个机会来治疗、修复或改变早年的创伤，借着内在自我重组，带来心理和行为上的转变，并因此改变父母养儿育女的方式。

近来美国报纸报道了许多父母和亲生骨肉分离多年后又争取让已经寄养或被领养的小孩重回身边的故事，把亲子间情感联系和依附关系的意义变得非常戏剧化。报纸还刊有照片。例如有个叫杰西卡的两岁小女孩和养父母共同生活了两年后被带回亲生母亲身边时，伸手朝向养母的照片。任何人看了这张照片都会觉得心酸，同情这个孩子被迫离开慈爱的养父母时所经历的强烈痛苦。在杰西卡的照片刊登几天后，好几位父母和我们谈到这张照片令他们感到非常沮丧，主要原因是这张照片重新唤起了他们的童年回忆。例如，有个女人看到这张照片后整天哭个不停。追寻自己为何会有这样反应的原因时，她才体认到自己在和杰西卡差不多的年纪也曾经有这种遭到抛弃的感觉。当时她的母亲常常让她一个人在小床上哭泣，告诉她必须学习独自一个人待在房间里，而且不要哭。她妈妈当时正在照顾一位生病的亲戚，希望屋子里随时都能保持安静，这却让年幼的孩子留下了被拒绝、遭到抛弃、失落的感觉。现在她自己有个两岁大的女孩，她明白，如果有人把女儿带走，她也会有同样的感觉，所以她不时会到女儿房间看看确定她一切安好。

另外一对夫妇看了报纸上的照片也觉得十分沮丧。他们对整个情况反应过度，对法官的判决感到愤愤不平。当他们讨论为什么会如此生气时，才发现由于女儿的年纪和杰西卡差不多，在他们的想象中，假如有人像这样带走他们的女儿，将会是多么可怕的事情。他们不自觉地将自己的女儿套入杰西卡的处境中，彼此相互发泄沮丧的情绪。他们还记起小时候需要父母的陪伴，而父母无法满足他们的情感需求时那种被抛弃的感觉。

　　从这些例子可以看到，在这些人的童年生活经历中，他们无法从原生家庭得到充分的安全感，以至于他们会过度认同杰西卡的焦虑，不自觉地把这种焦虑投射在自己孩子身上。父母有时候会借自己的孩子重新创造自己的童年或试图修复自己童年的失落感。有时候这种做法会令他们过度担忧或关心自己的孩子。当他们在报上读到小孩被迫离开养父母的报道时，他们把自己（害怕分离）的童年经验投射到小孩身上。因此，看到其他小孩悲伤时的照片可能会触动他们内心隐藏的强烈痛苦。然而换做另外一对夫妇，就可能只会对杰西卡的悲剧寄予无限同情，却不会把它拿来和自己的人生经验相提并论。他们可能只会回想自己童年时期得到的深厚父爱、母爱和充分的安全感，同时非常希望杰西卡也能有同样的经历。

　　从这些例子中，我们对亲子间的依附关系和情感联系多一些了解了吗？当然，我们愈来愈明白，正面或负面的童年生活经验都会不断影响我们后来的人生。根据目前我们对儿童发展的了解，失落的感觉对孩童有很深的影响，需要在别人的协助下才能逐渐适应。杰西卡的境遇显示出社会大众广泛体认到这个问题。当杰西卡的养父母在法庭上努力奋战希望能留住杰西卡时，大家都很同情他们，因为养父母早已和杰西卡建立起紧密的情感联系。

　　这种亲子间的紧密联结所营造出来的安全感及随之而来的保护与照顾，是我们前面几章讨论的主题。拥有或缺乏这种安全感都会对我们后来的人生产生深远的影响。人之所以有人性，有一部分是因为我们有感觉的能力，会受到感动。不管有意或无意，我们也会记得过去发生过的重要事件；而幼年创伤往往会在意外的时刻重新浮现，引发不好的反应，而我们甚至没有察觉这种反应乃源自于过

9

迈向独立之路

去的经验。杰西卡被迫和她"心理上认同的双亲"分离，触动了许多旁观者内心深处的情感。但是基本上杰西卡的遭遇之所以会引起共鸣，或多或少是因为这些人自己的幼年经历所致。

正如同我们所说的，"建立亲子间紧密联系"是指父母对孩子所投入的情感经过一连串有意义且愉快的经验而萌芽滋长。同时，另外一种亲子间的情感联系，我们通常称之为"依附"关系，是婴儿对父母和其他帮忙照顾他的人所发展出来的情感联系。通过这样的情感联系，婴儿开始意识到"我是谁"，并得以在这个基础上探索外面的世界。如果在婴儿时期没有奠定安全的基础，那么孩子在长大成人的过程中，可能逐渐认为他们所面对的是个不稳定的世界，因此无法信任别人。当父母感觉到和婴儿之间有这种情感联系时，这种感觉远超乎喂奶，替婴儿换尿布，照顾婴儿的乐趣，而是一种关爱，是能设身处地为婴儿着想，感觉和回应婴儿的身心需求的一种关爱。父母这种情感的投入会对婴儿产生重大影响。

孤儿的"住院症候群"

亲子间的情感联系和依附关系由来已久。半个世纪之前，前面提到过的史毕兹就已经开始了这方面的研究。他注意到有些孤儿院的婴儿尽管吃得好、穿得暖，却缺乏情感上的关爱和拥抱，结果这些孩子出现了他所谓的"住院症候群"。婴儿的身心发展都十分缓慢甚至停滞，胃口不佳，体重也不再增加。过了一段时间以后，他们完全没有兴趣和其他人互动，通常最后都夭折了。

波尔比率先体认到，除了内在心灵力量之外，童年经验也会影响一个人在扮演父母角色时的反应、行为和自我发展。他还进一步用依附模式来描述这个过程，"孩子会根据父母照顾他的方式建立起内在的自我表现模式"。孩子逐渐长大后，这个内在模式会使得孩子在逆境时有能力自助，同时也觉得自己值得受到别人帮助。当小孩要上托儿所或幼儿园时，这种对自己的信心和安全感不但让他们有办法忍受和父母分离的痛苦，同时也帮助他们学习独立，自由地探索外面的世界。所以，我们每个人都有一幅内建的"蓝图"，而婴儿时期父母养育我们的方式会影响这幅蓝图的轮廓。

爱思渥斯的发现对于帮助我们了解依附的过程有重大贡献。她是第一位观察和记录在新生命诞生的头几个月中，在家照顾婴儿的母亲对婴儿发出的许多讯号（包括哭泣、微笑、喂奶和视线接触等）会有何影响（她在巴尔的摩和乌干达都进行了这项研究）的学者。为了判断孩子和母亲之间依附关系的品质，她发展出来的"爱思渥斯陌生情境"现在已经成为知名的研究工具。她让婴儿待在一个到处是玩具的房间里（但不是在家中），母亲有时离开，有时回来，观察婴儿会有什么不同的反应。在其中一个实验片段中，母亲暂时离开婴儿，房间里出现了一个陌生人；而在另外一个片段中，她让婴儿单独一个人待在房间里。

爱思渥斯观察了一岁大的婴儿和母亲一起待在房间里以及母亲离开时和回来时的反应和行为。结果她发现，孩子在陌生情境中的反应可以大致分为三类，而且婴儿的反应和母亲之前在家里照顾婴儿的方式有关。其中有一群一岁大的婴儿，每个人进入房间以后，都很快就开始玩玩具。当妈妈离开之后，他们哭了一会儿。妈妈回来以后，小孩张开双臂，扑到妈妈怀里，然后又回去玩玩具。爱思渥斯称这组小孩（大约占所有小孩的60%到65%）的情况为"安全的依附"。另外有20%到25%的小孩属于"逃避型"，他们似乎不在乎妈妈是否在身边，即使妈妈回来以后仍然表现得很冷淡。但是当妈妈离开时，他们会号啕大哭，比前面那些有安全感的孩子显得更紧张不安。当研究人员观察这些小孩在家里的情形时，他们的妈妈往往被归为排斥、忽视或干预型的妈妈。剩下的10%左右的孩子则属于"矛盾型"小孩，他们不敢在房间里到处探索，和妈妈分离时变得焦虑沮丧，通常会不断哭泣。当妈妈回来以后，他们一方面想和妈妈接触，但同时又转过头去。

如果妈妈在婴儿出生的头一年，一直对小宝宝的需求反应灵敏，关爱有加，那么当孩子十三个月大时，在上述实验情境中通常都会表现出"安全依附"的形态。虽然这些安全依附型孩子之间的差异和他们的个性或天生特质或其他因素有关，但是他们表现出来的行为和婴儿时期所接受的抚育方式有很强的关联性。有趣的是，通常在婴儿出生后没有多久就和婴儿有早期接触的母亲，也会展现同样灵敏的反应和对婴儿的关爱。

特别需要注意的是，两项关于早产儿和病婴的研究，以及一项有关足月出生的健康婴儿的研究显示，虽然这些参与研究的婴儿一出生就和母亲分开，但是到了十三个月大时仍然表现出安全依附型行为。一项研究显示，有二十四个婴儿一出生就因为早产或重病而必须和妈妈分开一段时间，但是他们仍然和出生后没有与妈妈分离的孩子展现出相同的依附型行为。另外一项未曾发表的研究在观察了三十一个早产儿十一个月大时的情况后也有类似的发现。同样的，三十个足月出生的健康婴儿尽管在刚出生的头几天没有机会和妈妈及早接触，长时间共处，他们在十三个月大时，仍然显现出正常的依附行为。和分娩过程中没有人陪伴支持的母亲比起来，分娩时有陪产士照顾的妇女会比较懂得放松，也比较快就会觉得和新生儿很亲密，并且能比较乐观地看待自己的孩子，因此研究这些母亲产下的婴儿在十三个月大时的依附行为也很重要。整体而言，我们还需要做更多的研究，才能断言亲子早期接触的多寡和孩子十三个月大时的依附行为之间有明确的关联性。

心理学家史卓菲（Alan Stroufe）证实并延续了爱思渥斯的研究，并且更深入地探讨了这些问题。他的研究显示，十三个月大时有安全感的孩子到了六岁大时，仍然展现"安全依附"的行为形态；而十三个月大时被归为逃避型的孩子到了六岁大时，仍然属于逃避型。目前的证据指出，许多孩子在十三个月大时不管被归为安全依附型、逃避型还是矛盾型，他们长大成人后仍然会持续幼年的行为形态；当然，由于在孩子十三个月后的成长过程中发生在父母和孩子身上的种种正面或负面的事件，上述研究结果仍然有例外的情况。史卓菲指出，在小孩两岁大以前，安全依附关系有两个行为特质：一是孩子能够找到照顾者，并且获得安抚；二是有照顾者在身旁支持时，孩子愿意探索环境，了解环境。

但是，在大人眼中无关紧要的事件却可能摧毁这种安全的依附关系。我们曾经碰到过一个案例。有个叫查理的小婴儿是个健康的小宝宝，笑容很讨人喜欢，他是家里的第一胎。健康检查时，他看起来和妈妈之间有温暖的互动。查理十五个月大来诊所注射预防针，护士替他打针时，他开始号啕大哭，但只要妈妈对他微笑，抱抱他，他立刻静下来玩妈妈带来的玩具。他们离开后，我们的护士说查理是她最喜欢的小宝宝之一，还说："他和妈妈之间当然有安全的依附关系。"

两个月后，查理的妈妈和我们联络时，声音听起来却沮丧而生气。"查理变得很可怕。他不肯睡觉，他简直被宠坏了，整天都黏

着我。他不肯像以前一样乖乖吃饭，我想帮他时，他又哭又踢。"我问她究竟发生了什么事，她告诉我，她和先生到佛罗里达度过了两个星期的美好假期，他们把查理留在家里，邻居介绍了一个保姆来照顾查理。保姆说查理断断续续地哭了两天两夜，但是其他时间都很安静，也很乖。妈妈抱怨，当她度完假回来的时候，查理都"不认得她了"。这些事情或多或少都和查理后来一些难以解释的行为有关。在小儿科医生的协助下，查理的睡眠和吃饭问题在后来的几个星期内逐渐改善，但是妈妈后来又持续向医生提到查理的许多问题行为。接下来的六个月，查理变成妈妈口中难缠而愤怒的"问题儿童"。查理一家人后来搬家了，两年后，他们回来看医生、护士，炫耀他们的老二，二十个月大的布莱恩。妈妈告诉我们，他们从布莱恩十五个月大时，开始让他逐渐熟悉保姆，并且在她和丈夫出门度三天假之前，先花了一个月的时间，每天逐渐拉长和布莱恩分开的时间，慢慢让他习惯。她说："等到我们度假回来的时候，布莱恩还是像以前一样乖巧。"

查理对和母亲分离的反应很正常，但是父母亲往往不了解个中缘由。查理的行为改变是因为当父母离家时，他失去了对母亲的信任，深恐父母会抛弃他。当然可能还有其他因素。查理和布莱恩无论在遗传上还是气质上都不同。布莱恩和父母短暂分离的时候并非独自在家，不但有哥哥在家里陪着他，还有熟悉的保姆照顾他。幸好查理的妈妈很爱查理，而且和查理的关系非常紧密，否则查理忧伤的心情可能会持续下去，甚至日益严重。

避免分离造成过度压力

无论亲子关系是紧密还是疏离，无论分离的时间是长是短，也不管这是第一次还是第五十次离别，孩子对分离的反应几乎都一样。这种反应很普遍，并且复杂多变。波尔比指出，任何与母亲分离的经验对孩子而言都非常重要。她认为，和母亲分开——害怕遭到遗弃——是人类最大的恐惧。

但是如果父母容许孩子感受适度的焦虑（而不是会造成恐慌的无法疏解的紧张），和母亲分离也能给孩子一些教育。当孩子找到新的方法来安慰自己和打发时间时，他们就学会了如何自给自足。他们会发现，其他人受到母亲的委托，也会好好照顾和陪伴他们。

孩子对于分离的反应有共同的形态。在婴儿五个月大之前，通常没有明确的证据显示和母亲分开时的特殊反应；但是等到半岁大以后，和母亲分开时，小婴儿会表现出"对陌生人的焦虑感"和明确的反应。到了九个月大时，有些小孩的分离焦虑已经非常明确，他们会啜泣，变得很黏人，哭个不停，或紧抓着能安慰他们的东西。如果分离的时间拉得很长，婴儿可能在九个月大之前就会有强烈的失落感，就如同史毕兹对孤儿院的观察。在小孩十八个月大之前，这种每个孩子共同的反应形态会随着年龄增长，会提高反应的强度和频率。几乎所有的孩子在一岁大之前和母亲分离时，都会开始出现这种反应。

婴儿最早在六个月大时就会出现对陌生人的焦虑感——婴儿在陌生人接近或听到陌生的声音时变得很安静，脸色阴沉，或激动地哭闹。到了一岁大的时候，这已经是常见的反应。等到一岁半以

后，大多数孩子似乎比较不会因为与母亲分离而那么恐慌，但是一直到两岁半前，分离仍然会引发强烈的反应。不过，等到孩子一岁半以后，抗议的反应中会混合了恼怒和希望控制母亲的愿望。大多数的两岁孩子即使在母亲因为接电话或和别人说话而转移了注意力时，都会出现抗议的反应。但多数孩子在三岁大之前已经能够接受一般状况下的分离。

波尔比认为，小孩容忍分离的能力有很大的个体差异。父母和小儿科医生不见得总是晓得哪些孩子特别容易受伤害，但是我们可以提供一些预防性的建议。医生会根据父母、小宝宝和家庭状况的差异修正这些建议。父母可以帮助孩子掌控对分离的恐惧。第一步就是教小宝宝挥手，说"再见"。这是很重要的一步，因为这样做能让孩子有参与感和掌控感。另外，也可以玩躲猫猫的游戏，因为他可以任意让妈妈出现或变不见了。孩子慢慢会了解，即使妈妈戴上帽子，走出房间，他仍然可以充分信任妈妈，因为妈妈最后都还是会回来。

在孩子一岁大以前，因为无法靠言语来沟通，因此要让孩子了解妈妈会离开两天以上，让他做好充分的心理准备，几乎是不可能的事。从一岁半到两岁半，小宝宝对于分离的抗议会显得更激烈，但是根据我们对幼儿的观察，分离对一岁半以下的孩子打击更大，他们很容易出现严重焦虑或安静而绝望的反应。当然，如果能找到熟悉的亲戚来陪伴小孩，那么会大幅减轻长时间分离带来的创伤。换个角度来看，偶尔和孩子分开半天，也能帮助他为更长时间的分离做准备。

度假的问题

亲友和医生常常会劝年轻父母暂时离开小孩，享受一个"真正的假期"。放松一下当然很重要，但是如果了解小孩脆弱的心灵，爸爸妈妈就会放弃长达一两个星期的度假行程，而以小型假期取而代之，让短暂的分离在小孩的容忍范围之内。如果真的无法避免过长的离别，那么就让小孩待在自己的家里，这样也可以减轻与父母分离带来的冲击。

父母与孩子分离一段时间以后，往往会因为孩子忽视他们的存在而感到受伤，并且曾因此发怒或用某种方式来报复。这种反应更强化了孩子的恐惧，生怕失去父母。通常当父母知道分开一段时间后孩子忽视父母的存在是常见的自然反应时，都会松一口气。另外一个孩子常见的反应是闹脾气。父母几乎一定会认为（而且别人也会这样告诉他），这个孩子被宠坏了。父母可能决定以严加管教来因应这个挑战。在大多数情况下这都是错误的方式，因为如此会更加深孩子的失落感。但是，如果父母因为不在家而萌生罪恶感，因此容忍孩子的任性或让他们控制一切，那么又会制造新的问题。最好的办法还是采取中庸之道，尽快恢复生活常规。

在一二十年前，许多儿童精神科医生和心理学家大力提倡的做法是，在孩子三岁左右上托儿所之前，家里应该有固定的照顾者陪伴。虽然如此，许多孩子在三岁大的时候仍然没有准备好和妈妈分离。过去三十年来，由于妇女的角色和责任都出现了重大改变，全美国大多数的婴儿也都因此被迫参与了一场无法控制的实验，他们必须更早，也更频繁地体会分离的滋味。我们要经过很多年后才会

9

迈向独立之路

晓得实验的结果。但令人讶异的是，婴儿似乎在更小的年纪就能容忍离家及与父母分离。不过，大多数科学研究都把焦点放在上优质托儿所的小孩身上，其他大多数婴幼儿的经验究竟如何就不得而知了。婴儿在刚出生的头一年，对于分离的经验究竟容忍度有多高，专家迄今仍争辩不休。许多研究一再显示，在婴儿两三岁之前，如果家里有一位慈爱体贴的固定照顾者和婴儿建立起稳定的关系，将会有很大的好处。但是如果在婴儿两三岁之前，这位照顾者离开了将会造成什么伤害，我们所知不多。一般而言，小孩在成长期间失去固定的照顾者是常见的事情，并非例外。这件事对婴儿的影响通常就和平日都待在家里的妈妈突然离家几天一样，孩子会愤怒地踢打妈妈，拒绝她表示的关爱，还会哭闹，发脾气，甚至出现一些身体上的症状，例如食欲不振、体重减轻、睡不安稳、大小便习惯退化等。小婴儿和大人不一样，他们毫无时间概念，一个小时或一天对他们而言好像永恒。在他们发展出语言能力和了解像时间这种抽象概念之前，对于大人口语解释的内容，他们顶多只能听懂一部分。

父母之外的依附对象

当孩子的语言能力还是十分有限的时候，在新生命最敏感的头三年间，尤其是孩子一岁半到两岁之间，我们对帮助孩子因应分离的痛苦研究竟了解多少呢？

（1）非常重要的是，包括父母在内，或除了父母之外，有一两位慈爱的固定的照顾者陪伴着小孩。有一句俄罗斯谚语说，母亲自然而然就免费为孩子所做的一切，你付再多的钱也不足以请到别人来做。如果双亲都必须上班或上学，在小孩学龄前的三到五年间，能不能尽量至少有一人会整天都在家呢？什么样的人才是能够持续陪伴婴儿三到五年，作理想而可靠的照顾者？其实没有完美的公式可循，不过年纪大一点的保姆通常比年轻妇女的稳定性高一点。托儿和其他服务一样，也会面临供需之间的经济压力，其他家庭可能会出高薪和更优厚的住宿条件来吸引表现出色的保姆。如果父亲或母亲无法多排出一些额外时间陪伴孩子的话，祖父母或婴儿熟识的邻居或许可以扮演另外一位照顾者，帮助婴儿度过失去保姆的危机。父母应该尽最大的努力让孩子得到慈爱而稳定的照顾。当保姆离开时，他们也必须以非常敏感、体贴、同情的态度，容忍孩子的行为几天甚至几个星期。

（2）父母如因工作、学业和其他活动必须和孩子分开，让孩子尝试不同的受照顾经验，似乎也能带来一些好处。大多数小孩在年幼的时候就能与父母之外的照顾者建立依附关系——如果他们的老师、保姆都非常慈祥体贴，而且由父母慢慢引导进入孩子的生活中，就像平常帮忙照顾孩子的祖父母和邻居一样。如果照顾者在父母的协助下在父母离家两三个星期前，就先花几个小时和孩子在一起，将能大幅降低父母离家带给婴儿的忧伤。即使有了这样逐步预作心理准备的过程，如果孩子显得非常伤心，父母在离家的这段时间最好能通过电话和一两岁大的孩子聊一聊。当然，父母还应该确定孩子最喜欢的玩偶或其他玩具能帮助他熬过这段过渡期。（一岁半以前的小孩因为分离而忧伤时，可能会长时间呜咽、哭泣或变得安静而退缩。）

（3）在两岁以前，小孩通常都有一两个主要的依附对象。即使蹒跚学步的幼儿和三四个大人似乎有很好的依附关系，当他们累了或觉得害怕时，很明显只有一个人（通常是母亲）是他们主要的依附对象。

如果父母亲的童年经验可能影响他们抚育子女的方式，有些新方法可以帮助他们改变养儿育女的"蓝图"。举例来说，在怀孕期间，花一点儿时间和心理医生讨论幼年失去父亲或母亲的悲伤，能够帮助准父母有新的开始，避免他们感觉和小婴儿很疏远，让他们毫无恐惧地期待新生命到来。我们在第一章谈到的黛博拉就能够在她的蓝图上重新画上新的轮廓。一旦领悟到幼年生活经验影响了自己养儿育女的观念后，她便设法避免让尚未诞生的小生命受到自己童年经验的影响。她开始懂得照顾自己，并且对即将诞生的新生命有了温暖的感觉。

在另外一个例子里，一位母亲和儿子有紧密的情感联系，这个男孩也对她产生了安全的依附关系，他白天开始上托儿所时，似乎也不怎么困难就开始适应了新的生活。但是这对父母前来心理咨询时，似乎很担心两岁儿子的忧伤情绪。每当父亲送他到托儿所时，就会发生问题，他没有办法和父亲分开。而且这种情形只有当父亲送他上托儿所时才会发生，母亲送他时就不会有任何问题。当我们深入探讨父亲的感觉时，这位父亲才想起小时候他的父亲很年轻就离开家，因此令他对离别很没有安全感。当他了解自己在无形中的暗示给了儿子不安全的感觉时，他立即停止传达混淆的讯息，对儿子在托儿所的情况逐渐感到安全而放心，儿子也就能轻松自在地适应新环境了。

幼年经验影响孩子的安全感

上述的例子显示，父母亲在养儿育女的过程中会出现脆弱的时刻，但只要有适当的协助和支持就能有所改善，而且可以从内在改变爸爸、妈妈和他们的小宝宝。小孩幼年时受到什么样的对待，会影响他们的自我概念和安全感，照顾婴儿的人必须能够一以贯之，敏感地回应婴儿的需求。同时，小宝宝的性情也会影响父母的反应。例如，许多父母会注意到小孩特别安静、麻烦或活力充沛，并且据以修正自己的行为。但有时候，对已经精疲力竭的父母而言，小宝宝实在太惹人生气了，即使他们很希望帮得上忙，却不知道该如何对待小宝宝。有的父母体会到自己的怒气和挫败感，也明白自己的举动不恰当。有的父母则因为自己过去的经验或想法，不知不觉地从负面看待小宝宝。无论是哪一种状况，父母都需要引导、咨商和协助，以解决这些难题。

　　荷兰心理学家范登波姆（Dymphna van den Boom）的大型研究十分值得探讨。范丹波姆把一百个小孩（这些小孩从一出生就被形容为"难带的"小孩）分为两组，每一组五十个人。除了坏脾气以外，这些小孩还展现了其他可能带来问题的风险因素。他们出生于目不识丁的贫穷家庭中，家里面临很大的社会经济压力。在这些小孩刚出生的头一年，在他们六个月到九个月之间，研究人员会进行三次家庭访问，提供其中一组母亲两小时的咨商，但不提供另外一组母亲任何心理咨商。这项介入策略的目的是要让其中一组母亲更能够理解婴儿发出的讯号，能正确监测这些讯号，并且能够选择并采取适当的反应，他们希望能因此促进亲子间的安全依附关系。他们等到两组小孩到十三个月大时，为这些孩子进行爱思渥斯陌生情境监测。妈妈曾经接受过咨商，比较了解孩子的这组幼儿有68%展现安全的依附关系，而另外一组只有28%的幼儿有安全的依附关系。当然这个重要的实验还必须经过反复验证。

　　另外一种似乎大有可为的介入策略是小儿科医生安尼斯菲德（Elizabeth Anisfeld）的研究。安尼斯菲德观察到生活压力大的都市贫穷人口中，大多数母亲在婴儿一岁大以前，都把小婴儿放在硬塑胶制的婴儿椅上，因此很少看到婴儿在一岁大以前出现安全依附行为。但在非工业化的社会中，母亲白天都把小婴儿背在身上，晚上则让孩子睡在身边，结果这些孩子几乎都不哭。根据这些观察，再加上他认为亲子间的身体接触愈多母亲对孩子的需求反应就会愈敏锐，安尼斯菲德和他的同事进行了一项研究：一组婴儿由妈妈用背袋背在身上，有比较多的身体接触；另外一组则把婴儿放在硬质的婴儿椅上，亲子间的身体接触比较少。等到这些婴儿三个月大的时候，用软质背袋把婴儿背在身上的母亲对婴儿的哭声和其他讯号都比较有反应。等到所有的婴儿13个月大时，他们进行了爱思渥斯陌生情境测验，得到了惊人的结果。白天由母亲背在身上的婴儿和母亲之间有安全的依附关系的比例高达83%，另外一组采用硬质婴儿椅的婴儿则只有39%属于安全依附型。研究人员还需要针对低风险人口进行同样的研究，看看是否会出现相同的效应。这些研究说明人类有很强的改变和成长的能力，也显示我们并非注定了永远都要遵循既定的道路前进。

■ 从高度依赖迈向独立

　　许多父母都说他们并不喜欢被宠坏的小孩，当他们的小孩在大庭广众下哭闹或黏着大人不放时，他们会觉得很难为情。而且他们也认为必须好好把孩子打一顿，才能改掉他们的坏习惯。可见大人多么重视小孩的"独立"。爱思渥斯和史卓菲的研究显示，在婴儿刚出生的头几个星期和头几个月中，父母和其他照顾者如果能慈爱体贴地满足婴儿的需求，婴儿长到一岁大时，就会是个安全依附型的孩子。安全依附型的孩子对于父母的爱很有自信，知道父母一定能了解并满足他的需求，而且也认为周遭的世界很安全。因为孩子有了这样的自信，当他碰到可怕的事情或受了轻伤时，只要大人抱抱他，以脸上的表情或几句话来安抚他，就可以轻易抚慰孩子的心。孩子渐渐从几个月大时的高度依赖迈向独立。父母太早就急着训练孩子独立，反而会让孩子更加依赖和恐惧，而且这种感觉可能持续一生。

父母有时候会很讶异小宝宝对他们的情绪状态居然如此敏感。特洛尼克、布瑞佐登和其他研究人员在前面提过的实验中探讨当妈妈脸上一直没有任何表情，而且对三个月大婴儿所发出的讯号毫无反应时会发生什么事情。最初，小婴儿一心一意想要引起母亲的注意，希望她有所反应。但是过了一两分钟后，小宝宝开始烦躁，接着就哭闹，发脾气，最后只是待在婴儿椅中不动。新生命诞生后不久，父母和婴儿之间就会开始出现微妙的情感交流，而且一直到婴儿几个月大，这种情感交流都很明显。当情感交流遇到短暂挫折时，小宝宝很快就能克服，但是如果母亲的情绪连续低落了好几天，小宝宝就会开始变得沮丧易怒。小婴儿表达感觉的方式和成人不同，他们会拒绝吃东西，变得很烦躁，睡眠习惯也会改变。

婴儿即使刚出生几天，就能借着气味、声音、触摸的感觉和脸孔长相辨认出谁是妈妈，这种能力促进了母亲和婴儿之间的情感交流。婴儿对母亲产生紧密的依附关系有一部分是因为母亲能敏锐地感应到婴儿发出的讯号，包括咂嘴、注视、儿语、肢体动作、揉眼睛和脸部表情等。当婴儿内心状态改变想要获得安抚时，就会发出这些讯号，每个母亲都会根据小宝宝个别的特质和脾性而回应他们的需求。

当发生问题时，就能更清楚得看出这种情况。举例来说，有个四个半月大的小婴儿由于缺乏反应、发展迟缓和体重增加得太慢，而被父母带来医院就诊。小婴儿有斜视的问题。她的父母和医生担心这个毛病可能和智能发展迟缓有关，而比起脑部异常，斜视只算是次要的问题。当我们有机会观察母亲和小宝宝在一起的情况时，我们注意到他们从来没有任何视线接触。当我们提出这个问题时，母亲回答："我不知道她用的是哪一只眼睛，所以我不再和她有直接的视线接触。"我们曾短暂试验把斜视的眼睛蒙起来，结果这位妈妈愈来愈常注视没有蒙住的那只眼睛。后来我们为那只斜视的眼睛动了手术。手术后，小宝宝的两个眼睛都能正常地一起转动。结果妈妈和小宝宝之间的互动有了惊人的转变，小宝宝在智能发展上也进步神速，愈来愈常微笑，也愈来愈有反应。等到小宝宝一岁大时，她的发展已经能跟上正常的成长曲线，母子之间也建立了温馨而亲密的关系。

父母必须学会理解自己的孩子所发出的特殊讯号。例如，如果小宝宝很容易受惊，那么他们说话时就必须轻声细语，要温柔地拥抱小宝宝，也不要期望小宝宝立刻有反应，给小宝宝更多的时间，让他在安静的环境中成长。如果父母能对小宝宝特殊的脾性和需求有适当的回应。小宝宝通常也会更愿意表达，也更有反应。

毋庸置疑，我们如何养育孩子会影响孩子对自己的感觉，以及他们如何适应我们期望他们拥有的人生。但是我们的养育方式也受到其他许多因素的影响，包括我们是否感觉获得另一半的支持，在分娩和生产时是否得到适当的支持，是否明白产后该如何建立起亲子关系等。此外，父母养育我们的方式、童年经验、目前生活中的压力来源和我们社会中的文化价值和传统做法，也都会有影响。所有这些因素加起来影响了我们照顾孩子的方式，也影响了我们如何看待他们，以及我们有意无意间传达给他们的讯息。这种种影响力，加上新手父母开放学习的心态，创造了许多可以调整亲子关系的机会。我们希望父母和照顾者都会因为这些新的认知而大受鼓舞。

　　若父母能够以稳定的方式照顾孩子，注意小宝宝发出的特殊讯号，他们就提供了孩子有利的成长环境。孩子因此会信赖父母，觉得父母能够了解和回应他们的需求。小孩也需要感觉到和父母之间有紧密的情感联系，因此才会对父母有所反应。父母亲很快会注意到自己孩子的特殊哭声，以及他们希望父母抱抱，想黏着父母以及想要吃奶、换尿布等种种希望得到注意和关爱的特殊讯号。当父母经过不断的尝试和错误后，逐渐了解并且适当地回应小宝宝的需求时，小宝宝通常会停止原本想要吸引父母注意力的行为，安静下来，注视着他们，微笑或放松下来，因此父母的努力也受到莫大的鼓舞。当小宝宝能反复确认自己的身心需求都能获得满足时，他开始建立起对父母的基本信任感。

9

迈向独立之路